Thomas Götz

Professor*in
für Anfänger*innen
und Fortgeschrittene

Tipps für (angehende und aufbauende) Professor*innen

Thomas Götz

Professor*in für Anfänger*innen und Fortgeschrittene

Tipps für (angehende und aufbauende) Professor*innen

Prof. Dr. Thomas Götz (Promotion und Habilitation im Fach Psychologie) ist Professor für Bildungspsychologie und gesellschaftliche Veränderungen an der Universität Wien; zudem ist er Adjunct Professor an der McGill University in Montreal (Kanada). Sein Forschungsschwerpunkt sind Emotionen im Lern- und Leistungskontext mit einem Schwerpunkt auf Langeweile.

thomas.goetz@univie.ac.at

Bibliografische Information der Deutschen Nationalbibliothek: Die Deutsche Nationalbibliothek verzeichnet diese Publikation in der Deutschen Nationalbibliografie; detaillierte bibliografische Daten sind im Internet über dnb.dnb.de abrufbar.

Herstellung und Verlag: BoD – Books on Demand, Norderstedt

ISBN: 9783751944069

Inhaltsverzeichnis

TIPPS FÜR AUFBAUENDE PROFESSOR*INNEN

Vorwort

Dieses kleine Buch besteht aus zwei Teilen, die ich in unterschiedlichen Phasen meiner beruflichen Tätigkeiten als Universitätsprofessor verfasst habe. Der erste Teil stellt eine Überarbeitung, Aktualisierung und deutliche Erweiterung meines 2013 online veröffentlichten Manuskripts „Professor für Anfänger: Tipps für (angehende) Professorinnen und Professoren" dar. Dieses Manuskript ist auf großes Interesse gestoßen – es gab bis Ende 2020 mehr als 43.000 Downloads. Ich habe zahlreiche Mails mit Rückmeldungen zu dem Buch erhalten und sie bei der vorliegenden Version eingearbeitet. Einzelne Rückmeldungen zitiere ich in dieser 2. Auflage wörtlich, selbstverständlich anonymisiert und mit Einverständnis der Verfasser*innen. Die wörtlichen Zitate wurden von mir, falls nicht ohnehin bereits so verfasst, im Sinne eines gendergerechten Sprachstils möglichst wenig eingreifend umformuliert.

Beim zweiten Teil des Buches handelt es sich um eine Neuveröffentlichung im Sinne einer Fortführung von „Professor für Anfänger". Die Textteile des zweiten Teils entstanden primär zwischen 2016 und 2020.

Den Schwerpunkt beider Teile bilden konkrete Tipps zum Handeln an der Universität (bzw. in anderen, vergleichbaren Einrichtungen, wie z.B. Pädagogischen Hochschulen oder Fachhochschulen). Da ich die Strukturen und Prozesse in nicht-universitären Einrichtungen nicht im Detail kenne, beziehe ich mich im Buch immer auf die Universität. So manches ist aber sicherlich übertragbar. Die Inhalte der beiden Teile lassen sich wie folgt zusammenfassen:

Teil 1 – Tipps für angehende Professor*innen

Dieser Teil bezieht sich primär auf die Anfangsphase der Tätigkeit als Professor*in. Er beginnt mit dem Thema der Bewerbung und beinhaltet dann zahlreiche Facetten, die insbesondere zu Beginn der beruflichen Tätigkeit hilfreich sein können, wie beispielsweise die Gestaltung guter individueller Arbeitsstrategien und den Aufbau der eigenen Arbeitsgruppe.

Teil 2 – Tipps für aufbauende Professor*innen

In diesem Teil geht es vor allem um den Aufbau neuer Strukturen innerhalb einer Universität – wie beispielsweise von neuen Instituten, neuen Fakultäten, zentralen wissenschaftlichen Einrichtungen, Graduiertenschulen usw. Diesen Dingen widmet man sich in der Regel nicht gleich zu Beginn der Tätigkeiten als Professor*in. Während in den ersten Blöcken dieses Teils konstruktive Hinweise gegeben werden, führe ich im letzten Block einige in gewissem Maße üble Strategien auf, die man nicht anwenden, jedoch kennen sollte, um gegebenenfalls rechtzeitig und entsprechend reagieren zu können.

Gelegentlich werden in beiden Teilen ähnliche Aspekte angesprochen – jedoch sind sie in einem jeweils anderen Rahmen dargestellt. Da sie in einem unterschiedlichen Kontext (z. B. Aufbau der Arbeitsgruppe vs. Aufbau eines Instituts an der Universität) eine deutlich unterschiedliche Bedeutung haben können, habe ich mich entschlossen, diese z. T. etwas redundanten Aussagen beizubehalten.

Die in den beiden Teilen formulierten Tipps sind somit primär für die folgenden Zielgruppen gedacht:

Zielgruppe	Bedeutung für die Zielgruppe
Professor*innen	Möglichkeit der Reflexion und Optimierung des eigenen Handelns.
Personen, die Professor*in werden möchten	Wissen dazu erwerben, welche spannenden und herausfordernden Tätigkeiten sie in ihren Kernaufgaben (Forschung und Lehre) und darüber hinaus (Strukturaufbau) erwarten.
Mitarbeiter*innen von Professor*innen	Hilfestellung, die Handlungen ihrer Vorgesetzten besser verstehen oder einschätzen zu können.
Personen, die sich für die Tätigkeiten von Professor*innen interessieren	Einen kleinen Einblick in das Aufgabenfeld und den „Alltag" von Professor*innen zu bekommen.
Professor*innen, die strukturell etwas aufbauen möchten	Anregungen zur strategischen Planung, Reflexion und Optimierung des eigenen Aufbau-Handelns.
Vom Aufbau betroffene Personen	Hilfestellung, die Handlungen der aufbauenden Professor*innen einordnen zu können.
Personen, die sich für den Aufbau von Einrichtungen außerhalb der Universität interessieren	Anregung zum Transfer spezifischer Strategien in den außeruniversitären Kontext.

Fast alles hier Geschriebene basiert auf eigenen Erfahrungen (Fortbildungen, Coachings, Gesprächen mit Kolleg*innen, konkrete Aufbau-Arbeiten). Auch Gelesenes (z. B. aus dem Bereich „Führung von Arbeitsgruppen" und „Change Management") ist in diese Texte selbstverständlich eingeflossen. Die einzelnen Kapitel sollen vor allem zur Reflexion anregen. Bei vielen Aspekten gibt es sicherlich z. T. sehr unterschiedliche Perspektiven. Meine Sicht kann z. B. ein Ausgangspunkt zur individuellen Reflexion des entsprechenden Themas sein. Vielleicht lösen die von mir genannten Aspekte auch Gespräche und Diskussionen zu den jeweiligen Themen aus, was sehr erfreulich wäre. Bei meiner eigenen Tätigkeit als Professor für Empirische Bildungsforschung bzw. für Bildungspsychologie und gesellschaftliche Veränderungen und Sprecher einer School of Education haben sich die hier formulierten Tipps bewährt. Und von den angeführten üblen Strategien im letzten Block von Teil 2 des Buches habe ich einige, zum Glück jedoch nicht alle, live er- bzw. durchlebt. Die einzelnen Kapitel sind sehr kurz, sodass man sie mit relativ wenig Zeitaufwand lesen kann.

Über Kritik, Verbesserungsvorschläge und Anregungen jeder Art würde ich mich freuen. Schreiben Sie mir einfach – ich werde Ihre Kommentare bei der nächsten Auflage auf jeden Fall wieder berücksichtigen und mit Ihrem Einverständnis auch teilweise wieder wörtlich zitieren. Zum Schluss noch – und ganz wichtig: Vielen herzlichen Dank all jenen, die dieses kleine Buch vorab gelesen und mir wertvolle Rückmeldungen gegeben haben.

Wien, im Januar 2021

Thomas Götz

TIPPS FÜR ANGEHENDE PROFESSOR*INNEN

Bewerbungen, Verhandlungen, Start

1. Vorsingen

Vorsingen ist immer aufregend und interessant – sowohl, wenn man seine erste Professur anstrebt, als auch, wenn man sich von einer Professur, die man inne hat, auf andere Professuren bewirbt (sei es, weil man tatsächlich die Uni wechseln möchte, oder sei es aus rein strategischen Gründen – weil man seine Arbeitsbedingungen vor Ort durch einen Ruf verbessern möchte). Unangenehm ist Vorsingen dann, wenn man nicht genau weiß, was dabei auf einen zukommt und was von einem erwartet wird. Manche Berufungsverfahren sind sehr transparent, andere weniger. Bei manchen hat man Ansprechpartner*innen vor Ort („Pat*innen" – m. E. eine ausgezeichnete Sache), bei anderen ist man größtenteils auf sich allein gestellt.

Eines zeigt sich immer wieder: Je mehr Informationen man hat, desto besser kann man sich auf das Vorsingen vorbereiten und auf die Situation einstellen – und desto ruhiger kann man das Vorsingen angehen. Es ist je nach Verfahren unterschiedlich schwierig, Informationen im Vorfeld einholen zu können. Entweder, man kennt jemanden in der Kommission (falls man die Namen der Kommissionsmitglieder überhaupt erfährt) oder man nimmt Kontakt mit der*dem Kommissionsvorsitzenden auf. Hier macht man sehr unterschiedliche Erfahrungen: von sehr entgegenkommenden und offenen Gesprächen im Vorfeld, bis hin zu „Was fällt Ihnen überhaupt ein, mich als Kommissionsvorsitzende*n einfach anzurufen?!". Auch kann man Kolleg*innen an der Universität, an der man sich beworben hat, kontaktieren, die evtl. noch wertvolle Informationen haben. Wichtige Informationen sind:

- Wer ist Mitglied der Kommission?
- Gibt es bestimmte „Lager" innerhalb der Kommission?
- Wer ist außer mir noch zum Vorsingen eingeladen?
- Welches Profil haben die anderen Kandidat*innen? (Dieser und der vorherige Punkt können z. B. zeigen, welche inhaltlichen Erwartungen in der Kommission vorherrschen).
- Wie ist die Professur exakt denominiert?
- In welche Strukturen ist die Professur eingebunden (z. B. Institut)?
- Sind spezifische Vernetzungen erwünscht (z. B. innerhalb des Fachbereichs oder

über diesen hinaus; gibt es Sonderforschungsbereiche und/oder Forschungs-gruppen)?

- Was wird von mir bezüglich Forschung, Lehre und akademischer Selbstverwaltung erwartet?
- Mit welchen Fragen ist zu rechnen?
- Werden eher qualitative oder quantitative Forschungsansätze gerne gesehen? (Diese Frage kann über Disziplinen hinweg stark variieren).
- Wie sieht der Raum aus, in welchem das Vorsingen stattfindet? (Wenn möglich, vorher mal ansehen).

Auf potenzielle Fragen sollte man sich sehr gut vorbereiten und gute Antworten parat haben (z. B. zukünftiges Forschungsprogramm, mögliche Kooperation mit Kolleg*innen vor Ort, Ideen für innovative Lehre, Ideen zur Frauenförderung in der Wissenschaft, Ideen zur Nachwuchsförderung, „Würden Sie auch wirklich im Falle einer Ruferteilung zu uns kommen?", usw.). Was das Auftreten anbelangt, so sollte dieses sicherlich selbstbewusst, aber auf keinen Fall überheblich wirken. Alle Fragen sollte man sehr ernst nehmen (und sie vielleicht z. T. sogar belohnen – „Eine wirklich spannende Frage"). Nicht auf alle Fragen muss man eine eindeutige Antwort haben – dies kann man offenlegen und evtl. seine persönliche Meinung zu der Angelegenheit äußern. Fast immer hat man auch die Möglichkeit, eigene Fragen zu stellen. Diese sollte man sich sehr gut vorab zurechtlegen, da sie jenseits der tatsächlich für einen wichtigen Informationen, viel über die eigene Motivation und das Ausmaß an Vorbereitung auf das Vorsingen aussagen. Sehr nachteilig ist es sicherlich, wenn man keinerlei Fragen am Ende stellt – dadurch entsteht auch häufig eine eher peinliche Situation des Schweigens. Und noch eine Sache ist wichtig: Zu den anderen Bewerber*innen sollte durch die Konkurrenzsituation das Verhältnis nicht getrübt werden. Man will in der Regel ja langfristig mit diesen zusammenarbeiten, und es wäre schade, wenn Bewerbungssituationen Verhältnisse trüben würden.

Noch ein paar Sätze dazu, wie oft man sich von einer festen Professur aus bewerben sollte. Rufe sind in der Regel eine schöne Sache, aber wenn man nicht wirklich weg will, dann macht man sich durch zu viele Rufe unglaubwürdig – und irgendwann lässt einen die Uni-Leitung einfach gehen, was peinlich sein kann, wenn man eigentlich nicht weg möchte. Man sollte sich also sehr gut überlegen, wie oft und wo man sich bewirbt. Und man sollte sich, wenn strategische Überlegungen im Vordergrund stehen, nur auf Stellen bewerben, von denen anzunehmen ist, dass sie besser ausgestattet sind als die eigene Stelle. Zu beachten ist auch, dass Bewerbungen immer auch mit unter Umständen hohen Kosten einhergehen: z. B. Zeit, Geld, anstehende Entscheidungen, emotionale Ressourcen (z. B. Hoffnung, Enttäuschung im Falle einer negativen Rückmeldung) oder Unsicherheiten für die eigene Arbeitsgruppe (es spricht sich häufig herum, wenn man sich bewirbt – spätestens beim Vorsingen). Zum anderen sind Bewerbungen auch immer eine gute Möglichkeit, die Situation vor Ort zu reflektieren und zu optimieren – selbst falls man keinen Ruf erhalten sollte.

2. Berufungs- und Bleibeverhandlungen

Bei Berufungs- und Bleibeverhandlungen ist man den Verhandlungspartner*innen fast immer strategisch (maßlos) unterlegen. Während man solche Verhandlungen in der Regel nicht allzu oft im Leben führt, ist es für die Rektor*innen, sowie die Kanzler*innen ein Alltagsgeschäft. Daher ist es ratsam, sich gut auf die Verhandlungen vorzubereiten. Folgendes kann hierbei hilfreich sein:

- *Der Deutsche Hochschulverband (DHV) unterstützt.* Der DHV bietet für seine Mitglieder eine kostenlose telefonische Beratung an (20 bis max. 30 Minuten – man kann dies auch mehr als einmal im Rahmen einer Verhandlung in Anspruch nehmen). Eine längere individuelle Beratung ist gegen Bezahlung (für eine Stunde ca. 180,- € plus MwSt) möglich. Beratungen durch den DHV sind absolut empfehlenswert. Der Hochschulverband sendet auf Anfrage auch wertvolle Materialien zu (z. B. auf welche Aspekte man beim Verhandeln achten sollte: Etwa auf ein unbefristetes, dynamisiertes und ruhegehaltsfähiges Gehalt; welche Möglichkeiten/bisherige Erfahrungen es bezüglich Dual Career Couples gibt; auch bei Rufen aus dem Ausland haben sie viele und wertvolle Informationen und Expert*innen für die unterschiedlichsten Länder).

- *Kolleg*innen fragen.* Kolleg*innen an der Uni, an welche man berufen wurde (im Falle von Berufungsverhandlungen) bzw. an der eigenen Uni (im Falle von Bleibeverhandlungen) zu fragen, ist ebenfalls ratsam. Sie können in der Regel auch gut über die „Atmosphäre" und den Ablauf der Verhandlungsgespräche berichten. Über das Gehalt zu sprechen, ist häufig eine heikle Sache. Aber wenn man Kolleg*innen hat, mit denen man offen darüber sprechen kann, dann ist es sehr hilfreich, eine ungefähre Vorstellung davon zu haben, was die anderen an der Fakultät so verdienen. Hierbei ist auch zu beachten, dass für Bleibeverhandlungen manche Bundesländer eine Regelung haben, nach der das Bleibeangebot bezüglich des Gehalts nicht über dem Angebot der Universität liegen darf, an welche man einen Ruf erhalten hat. Dies ist insofern wichtig, da es peinlich ist, wenn man mehr fordert und dies rein formal gar nicht möglich ist.

- *Informationen über die Verhandlungspartner*innen einholen.* Je mehr Informationen man über die Verhandlungspartner*innen hat, desto besser. So gibt es z. B. von den meisten Rektor*innen an Universitäten Videos auf YouTube. Anhand derer kann man sich vorbereiten. So ist es z. B. hilfreich, wenn man die entsprechenden Personen schon mal vorab „in Aktion" gesehen und gehört hat – die ohnehin spezielle Situation der Verhandlung kann dadurch dann „vertrauter" wirken. Zudem kann man aus solchen Videos oder auch anderen Informationsquellen (z. B. Gespräch mit Personen, welche die Verhandlungspartner*innen kennen) etwas einschätzen, in welcher Logik die Verhandlungspartner*innen argumentieren (z. B. primär aus einer Forschungs- oder Ressourcenlogik heraus). Auch der DHV (s. oben) kann z. T. gute Auskünfte über die Verhandlungspartner*innen geben, was überaus hilfreich sein kann (z. B. Ruf, beim Gehalt in der ersten Verhandlungsrunde ein sehr sparsames Angebot zu machen; Ruf, keine Nachverhandlungen mehr zu führen; Ruf, sehr detaillierte Rückfragen zur Begründung der Ausstattungswünsche zu stellen, usw.).

- *Mit dem*der Dekan*in sprechen.* Vorgespräche mit dem*der Dekan*in der jeweiligen Fakultät sind ebenfalls sehr empfehlenswert – meist verhandelt man mit ihm*ihr ja vorab über die sachliche Ausstattung.

- *Vorab Dokumente senden.* Empfehlenswert ist es, vor den Verhandlungen dem Rektorat ein Dokument zukommen zu lassen, in welchem die eignen Leistungen der vergangenen Jahre aufgeführt sind – insbesondere Leistungen in Forschung (z. B. Publikationen, Drittmittel, internationale Kooperationen, Zitationsraten – sicherlich fachspezifisch mehr oder weniger sinnvoll) und Lehre (z. B. Evaluationsergebnisse, Auszeichnungen, Preise). Zudem kann besonderes Engagement in verschiedenen Bereichen genannt werden (z. B. Engagement beim Aufbau eines neuen Studiengangs). Schließlich sollten konkrete Wünsche bezüglich Ausstattung (Räume, Mitarbeiter*innen, ...) und Gehalt genannt werden.

- *Sich in der Mitte treffen?* Generell gilt bei Verhandlungen: Man trifft sich in der Mitte. Sicherlich trifft man sich manchmal in der Mitte – aber z. B. beim Gehalt den doppelten Betrag an Zulagen zu nennen, den man anstrebt, dürfte in vielen Fällen sehr gewagt sein. Eine solche „Flohmarktstrategie" ist an Universitäten häufig nicht angemessen. Ehrlicher und wohl auch vielversprechender ist es, glaubhaft und gut begründet diejenigen Dinge zu nennen, die man tatsächlich benötigt bzw. die angemessen sind. Sicherlich kann man strategisch ein wenig darüber gehen bzw. ein paar potenzielle „Streichposten" nennen, so dass die andere Seite Kürzungsmöglichkeiten hat. Allerdings sollten sich diese „Streckungs- und Kürzungsposten" sehr in Grenzen halten. Wichtig ist es, dass die Ausstattungswünsche bezüglich Mitarbeiter*innen und der Sachmittel gut nachvollziehbar begründet sind (z. B. anhand eines klar skizzierten Forschungsplans und einer klaren Darstellung der Geräte, die man z. B. benötigt, um diesen zu realisieren).

- *Kompromisse einplanen.* Manche Dinge bekommt man einfacher als andere: Einmalige Gelder (z. B. für ein konkretes Forschungsprojekt, einen Auslandsaufenthalt) bekommt man einfacher als dauerhafte Zuwendungen (z. B. jährliches

Budget für Forschungstätigkeiten) – einmalige Zuwendungen sind in der Regel für die Universität kostengünstiger und besser kalkulierbar. Falls es in manchen Bereichen auf Kompromisse hinauslaufen sollte, so ist eine entsprechende Vorbereitung empfehlenswert, d. h., man sollte zu den einzelnen Bereichen Ideen zu möglichen Kompromissen auf Lager haben.

- *Reihenfolge-Effekte.* Man sollte sich die Reihenfolge, in der man die Forderungen auflistet, gut überlegen. Es könnte argumentiert werden: „Nun sind wir Ihnen in so vielen Dingen entgegengekommen, hier geht es beim besten Willen nicht mehr". Dies ist natürlich dann ungünstig, wenn die eigentlich wichtigen Dinge am Ende kommen. Das heißt, sehr Wichtiges sollte man in der Regel nicht an das Ende stellen.

Sehr vieles ist Verhandlungssache (z. B. Stellen für Mitarbeiter*innen, Räume, Forschungsmittel, Forschungsfreisemester, ...) und man sollte sich unbedingt eine Liste mit „Verhandelbarem" machen. Berufungs- und Bleibeverhandlungen stellen die aussichtsreichste Möglichkeit dar, sich bezüglich Ausstattung und Gehalt zu verbessern bzw. zumindest den Status quo bei sich verringernden Gesamtressourcen erhalten zu können. Allerdings sind sie auch zeitaufwändig und anstrengend. Und es besteht die Gefahr, dass man sich unglaubwürdig macht – z. B., wenn man einen Ruf an eine andere Universität nicht annimmt, obwohl diese ein besseres Angebot gemacht hat als die eigene Universität. Oder wenn die andere Uni sehr wenig bietet, man allerdings die eigene Uni bereits über den Ruf informiert hat. Verhandlungen mit der eigenen Uni können dann sehr eigenartig sein. Natürlich sind Rufe toll – auch für das Renommee. Das Standing erhöht sich sofort. Häufig ist es auch eine heikle Angelegenheit, die man unbeschadet und selbstverständlich mit Gewinn überstehen sollte. Generell ist bei Verhandlungen auf ein gutes „Klima" zu achten. Man verhandelt mit dem (zukünftigen) Rektorat – mit ihm will man ja schließlich auch in Zukunft (bzw. weiterhin – bei Bleibeverhandlungen) auf eine konstruktive, effektive und angenehme Art und Weise zusammenarbeiten.

3. Start

Je nach Universität und Fachbereich wird man als Professor*in beim Start unterschiedlich intensiv „an die Hand genommen" – das gilt sowohl für die erste Professur als auch für einen Wechsel an eine andere Universität. Bei manchen Universitäten gibt es ein standardisiertes Verfahren der Einführung, bei anderen so gut wie gar nichts. Hier ein paar Punkte, die für den Start hilfreich sein können:

- *Strukturen kennen.* Es ist sehr wichtig, die Strukturen an der Universität möglichst schnell kennenzulernen. Wer ist für was zuständig? Welche Hierarchien gibt es? Welche Dienstwege sind einzuhalten? Es ist empfehlenswert, möglichst früh (wenn durchführbar schon vor Dienstantritt) eine Person zu kontaktieren, die sich mit den Strukturen auskennt und die einen diesbezüglich einführt (z. B. könnte dies der*die Fachbereichsreferent*in sein). Das kann so manche Irrwege im Uni-Labyrinth ersparen.

- *Vorstellungsrunde machen.* Bei Dienstantritt sollte man sich möglichst schnell bei denjenigen Personen/Stellen vorstellen, mit denen man voraussichtlich viel zu tun haben wird. Ideal wäre es, dabei von jemandem „an die Hand" genommen zu werden – d. h., eine Person, die die Strukturen kennt, führt einen zu den einzelnen Personen/Stellen und stellt einen dort vor. Auch hier wäre z. B. der*die Fachbereichsreferent*in geeignet. Wichtige Personen/Stellen sind beispielsweise der*die Dekan*in, der*die Fachbereichssprecher*in, das Fachbereichssekretariat, Personen in der Haushaltsabteilung, Drittmittelstelle, Personalabteilung, Bibliothek, das Gleichstellungsreferat, der Forschungssupport – und die Universitätswerkstatt (gibt es tatsächlich an manchen Universitäten). So ein Rundgang ist ein Zeichen der Wertschätzung anderer Personen, und der persönliche Kontakt kann viele weitere Schritte erleichtern – man hat sich schon mal gesehen und gesprochen.

- *Sich positionieren.* „Wie man sich bettet, so liegt man" – und auch an der Universität sind Anfangspositionierungen wichtig. Sehr schnell wird einem eine bestimmte Rolle/ Einstellung zugeschrieben, und man sollte gerade am Anfang sehr bewusst eine Position einnehmen, hinter der man steht. Attribute, die einem schnell zugeschrieben werden sind z. B. der*die Kreative, Kritische, Unkritische, Immer-Ja-Sagende, Immer-Nein-Sagende, Einzelkämpfer*in, Forschungsorientierte, Lehrorientierte, Schnell-Auf-Mails-Antwortende, Höfliche, Förmliche, …

- *Sich kein allzu großes Arbeitszimmer wählen.* Meist werden einem an der Universität mehrere Räume zugewiesen – für einen selbst, das Sekretariat, die Mitarbeiter*innen, die Hilfskräfte, für Labore, usw. Häufig arbeiten Professor*innen im größten Büro der Arbeitsgruppe. Viele Professor*innen freuen sich darüber einfach und reflektieren dies nicht, zumal es angenehm ist, ein großes Zimmer zu haben und es nach außen scheinbar gut und „machtvoll" wirkt, in einem großen Raum zu arbeiten (bzw. zu residieren). An fast allen Universitäten herrscht jedoch Raumnot und Mitarbeiter*innen müssen oft auf engstem Raum zusammenarbeiten. Man sollte sich stets vor Augen halten, wie es wirkt, wenn z. B. ein*e Mitarbeiter*in, die in einem kleinen Raum zusammen mit fünf anderen Personen arbeitet, dann zu einem Gespräch in das riesige Zimmer kommt, in welchem der*die Professor*in tätig ist – das offensichtlich gar nicht so groß sein müsste. Als Professor*in benötigt man in der Regel keine großen Büros – die allermeisten Unterlagen sind ohnehin elektronisch verfügbar (Stichwort „papierloses Büro") und es ist relativ sicher zu behaupten, dass man in alten, verstaubten und riesigen Zimmern von Professor*innen 90% der dort gelagerten Dinge einfach wegschmeißen oder ins Archiv oder die Bibliothek bringen könnte – meiner Erfahrung nach verleiten solche großen Räume zum Aufbewahren von Dingen, die man gar nicht mehr benötigt. Als Professor*in setzt man durch die Raumwahl ein wichtiges Zeichen und die Wahl eines kleineren Büros ist sehr kollegial gegenüber den Mitarbeiter*innen.

- *Kooperationen eingehen.* Wenn man neu an eine Universität kommt, werden einem in der Regel viele Kooperationen angeboten – das ist schön und wertschätzend, aber auch gefährlich. Nur allzu schnell geht man Kooperationen ein, die nur am Rande mit den eigenen Forschungsthemen zu tun haben – und schnell verzettelt man sich. Man will ja als Neue*r nicht gleich „Nein" sagen. Allerdings sind Kooperationsangebote häufig auch nur ein positives Signal von Kolleg*innen, und meist ist es unproblematisch, nicht sofort Feuer und Flamme für jedes Kooperationsangebot zu sein. Man sollte sich genau überlegen, mit wem und zu welchem Thema man kooperiert – in der Regel geht man Verpflichtungen über Jahre ein. Man sollte auch nicht allzu reagierend, sondern vielmehr agierend sein, indem man Ausschau nach Kooperationspartner*innen an der Universität hält und diese aktiv anspricht.

- *Mentor*in suchen.* Gut wäre es, sich in der Anfangsphase für eine gewisse Zeit (z. B. ein Jahr) im Rahmen eines Mentorings (z. B. durch eine*n Kollegen*Kollegin) unterstützen zu lassen. Das kann durchaus jemand aus einem anderen Fachbereich sein. Eventuell ist jemand aus einem anderen Fachbereich sogar besser, um potenzielle Rollenkonflikte zu vermeiden (z. B., wenn der*die Mentor*in aus dem eigenen Fachbereich in Kommissionen anderer Meinung ist als man selbst). Und später kann man sich dann ja selbst mal als Mentor*in zur Verfügung stellen.

Der Start an einer Universität ist eine große Herausforderung – die formellen, aber auch die informellen Strukturen und die Standards der Kommunikation (z. B. gelebte Hierarchie) zu erkennen, benötigt Zeit. Dies gilt insbesondere auch bei einem Wechsel in ein anderes Land – so sind z.B. die Kommunikationsstrukturen in der Schweiz und in Österreich in vielen Bereichen deutlich anders als in Deutschland (z. B. ist es Standard in der Schweiz, sich bei Sitzungen am Anfang die Hand zu geben und sich immer bei der Begrüßung beim Namen zu nennen). Man kann in der Startphase viele Fehler machen; sich gerade am Anfang beraten zu lassen (eben idealerweise durch Mentor*innen), ist von unschätzbarem Wert.

Forschung

4. Publizieren

Es ist sicherlich nicht falsch zu sagen, dass Publikationen der wichtigste Indikator für den wissenschaftlichen Erfolg sind (manchmal dicht gefolgt von den Drittmitteln – aber das ist eine andere Sache). Und für die Karriere sind sie ohnehin entscheidend. Nun ist es immer eine Frage von Qualität und/oder Quantität: Publiziert man bei beschränkten zeitlichen Ressourcen relativ wenige Manuskripte in sehr guten Journals (d. h. mit hohem Impact-Faktor – in der Psychologie mindestens > 1 als Daumenregel) oder eher relativ viele Manuskripte in weniger guten Journals? Und was ist mit den Buchpublikationen bzw. mit der Publikation von Kapiteln in Herausgeberbänden? Sicherlich ist dies von der jeweiligen Disziplin abhängig. In der Psychologie sind hochkarätige Publikationen in internationalen Journals die erste Wahl. Allerdings wird bei Bewerbungsverfahren (je nach Fach) oft nicht nur auf die Qualität, sondern auch auf die Quantität geachtet, sodass es ratsam ist, nicht nur in High-Impact-Journals zu publizieren – zumindest nicht in der Qualifikationsphase. Für das Fach Psychologie ist eine gute Mischung wohl das beste Rezept: Primär Publikationen in High-Impact-Journals anstreben, das Ganze mit weiteren, weniger hochkarätigen Publikationen „strecken" und hin und wieder auch ein Buchkapitel schreiben. Seit ein paar Jahren gibt es einen deutlichen Trend, dass Quantität zunehmend weniger geschätzt wird - d. h., lieber weniger, aber dafür qualitativ sehr hochwertig publizieren (z. B. Multi-Study-Papers, in welche Replikationen eingebaut sind oder ein Thema anhand unterschiedlicher methodischer Herangehensweisen bearbeitet wird). In der Tat beeinflussen sich Qualität und Quantität oft (aber selbstverständlich nicht immer). Für qualitativ sehr hochwertige Arbeiten benötigt man in der Regel mehr Zeit.

In der Psychologie ist es eine gute Daumenregel, ca. 75% der Publikationen in englischer Sprache zu verfassen. Zudem sollten (je nach Disziplin) einzelne Publikationen deutliche Praxisbezüge haben (z. B. in der Pädagogischen Psychologie) – hier bieten sich vor allem Buchkapitel an. Praxisbezüge aufweisen zu können, ist bei bestimmten Fächern in Bewerbungsverfahren oft günstig (z. B. Pädagogische Psychologie, Empirische Bildungsforschung, Schulpädagogik, Fachdidaktik, Bereiche der Sozialpsychologie), da es fast immer Kommissionsmitglieder gibt, die Wert darauf legen. Abgesehen davon macht es meist auch Spaß, hin und wieder etwas mit Praxisbezug zu schreiben – auch wenn es je nach Disziplin oft schwierig ist und man sich nicht allzu weit aus dem Fenster lehnen möchte. Und selbstverständlich – und vielleicht sogar am wichtigsten: Praxisbezüge sind wichtig für die Praxis. Was die „Form" der Publikationen anbelangt, so sind Open-Access-Publikationen (kostenfrei und öffentlich im Internet zugänglich) sicherlich sehr empfehlenswert, da der Zugriff auf Publikationen einen unschätzbaren Wert im wissenschaftlichen Kontext darstellt. Open-Access-Publikationen sind zwar oft mit Kosten verbunden; diese werden allerdings meist von der Bibliothek der eigenen Universität übernommen. Allerdings sollte man sich je nach Disziplin sehr genau informieren, welchen Status Open-Access-Publikationen dort haben. So gibt es in einzelnen Fächern die Sichtweise, sie seien „pay to publish journals" – in einem solchen Fall sollte man sie evtl. eher meiden oder zumindest wenig in solchen Journals publizieren. Schwierig ist die Einschätzung z. T. deshalb, weil es innerhalb eines Fachs oft sehr unterschiedliche Bewertungen der Open-Access-Journals gibt. Hier gilt es, im Austausch mit Kolleg*innen einen guten individuellen Publikationsweg zu finden.

Sich genügend Zeit fürs Publizieren zu nehmen – z. B. im Durchschnitt zumindest zwei Stunden täglich – ist wohl einer der wichtigsten Tipps für eine wissenschaftliche Karriere. Und fast genauso wichtig ist der Tipp, sich nicht allzu sehr in die verführerische Welt der Ablenkungen zu begeben – das können Mitgliedschaften in diversen Gremien, ständige Datenerhebungen, ständiges Schreiben von Anträgen und Berichten und permanente Verbesserungen der Lehre sein. Alles wichtige Dinge – unbestritten. Aber man sollte sich davor hüten, sie als Flucht vor dem Publizieren zu benutzen (die oft mit viel Lob einhergeht – „Schön, dass Sie Mitglied im International Advisory Board des Journals XX sind"; und als Nebensatz: „...wir senden Ihnen ca. 6 Manuskripte pro Jahr mit der Bitte um Begutachtung"). Publizieren ist eine spannende und herausfordernde Angelegenheit, die aber aus vielerlei Hinsicht sicher nicht gerade einfach ist. Man gibt sich permanent der Kritik preis und riskiert ständig Ablehnungen. Man lernt aber auch sehr viel dazu, und auch hier gilt es, eine gesunde Distanz zu sich, den Manuskripten, den Gutachter*innen und den Editor*innen zu haben (wer das nicht hat: bitte Kapitel 11 lesen).

5. Kongresse

Sich über den neuesten Stand der Forschung auszutauschen, ist das Zentrale bei Kongressen. Aber ebenfalls sehr wichtig sind die persönlichen Kontakte und der Small Talk. Das heißt, man hat das Ziel bei einem Kongress erreicht, wenn man neue, inspirierende und motivierende Impulse bekommt, einen guten Vortrag hält bzw. ein Poster gut vorstellt, viele Kontakte knüpft und einen guten Eindruck hinterlässt.

Primär wird man zu den Präsentationen gehen, die eine inhaltliche Nähe zur eigenen Arbeit aufweisen. Inspirierend kann es sein, sich hin und wieder „fachfremde" Vorträge anzuhören und Inhalte oder Methoden auf die eigene Arbeit zu übertragen bzw. Verbindungen zur eigenen Arbeit herzustellen. Das kann im Hinblick auf die eigene Kreativität beim Forschen sehr hilfreich und spannend sein. Ansonsten ist es sicher ratsam, vor allem zu Vorträgen der „Ingroup" zu gehen – hier sollte man sich blicken lassen. Und man sollte irgendwie auffallen, da sonst niemand merkt, dass man da gewesen ist. Und man sollte selbstverständlich positiv auffallen – idealerweise durch eine sehr kluge oder kreative Frage oder durch einen weiterführenden, vielleicht sogar lustigen Kommentar. Und man sollte nach den Veranstaltungen nicht gleich davonlaufen, sondern das Gespräch mit den Referenten oder mit anderen Personen im Raum suchen.

Bei Kongressen entstehen Kooperationen – und wer möchte schon mit jemandem kooperieren, der nicht sympathisch ist? Gerade bei internationalen Kongressen ist der Small Talk wesentlich – und das überschwängliche Loben und Bewundern der Arbeiten der anderen. Wenn man hier übertreibt, muss man kein schlechtes Gewissen haben, da ja alle wissen, dass alle übertreiben. Man sollte in jedem Fall auch die gesellschaftlichen Angebote bei Kongressen nutzen (z. B. die „International Reception", die Eröffnungs- und Abschlussveranstaltungen, die Dinner der Special Interest Groups, …). Natürlich sind die Kaffeestände von unschätzbarem Wert. Visitenkarten müssen immer in der Tasche sein; man sollte es nicht versäumen, diese auszutauschen (ist allerdings vom Fach abhängig; in manchen Fächern ist der Austausch von Visitenkarten Standard, in anderen würde er eher eigenartig wirken). Hier eine wörtliche Rückmeldung zur 1. Auflage dieses Buches, die sich auf den letzten Satz bezieht: „Wenn ein*e Mathematiker*in Visitenkarten verteilt (habe ich erst ein- oder zweimal erlebt), spricht sich das in der Regel herum und die Person wird in der Regel für alle Zukunft nicht mehr ernst genommen!". Auch kleinformatige Poster-Ausdrucke und Kurzfassungen der Vorträge sind hilfreich, um diese zu verteilen. Bei Personen, denen man in Erinnerung bleiben möchte, ist es zudem immer gut, nach dem Kongress eine kurze, nette E-Mail zu senden. Einen großen Teil der Kongresszeit sollte man für das „Socializing" verwenden.

Ein weiterer wichtiger Aspekt betrifft die Anzahl der Kongresse, die man pro Jahr besucht. Dies ist sehr vom spezifischen Fach abhängig. Für das Fach Psychologie ist es sicherlich ein Muss, jedes Jahr einen zentralen nationalen und einen zentralen internationalen Kongress zu besuchen. Ein gutes Maß sind hier wohl 2-4 Kongresse pro Jahr. Kongressbesuche kosten Zeit – die man eigentlich fürs Publizieren bräuchte. Aus diesem Grund empfiehlt es sich, den Zeitaufwand zu minimieren. Hier gibt es folgende Möglichkeiten:

- *Nichts Neues verfassen.* Man sollte möglichst Beiträge einreichen, zu denen man bereits ein Manuskript verfasst hat. Das heißt, man sollte möglichst vermeiden, dass man für einen Kongressbeitrag Neues schreiben muss. Manuskripte kann man in der Regel relativ schnell kürzen und sie als Kongress-Proposals einreichen.

- *Formatarbeiten delegieren.* Was die Formatierung und das Design anbelangt, so kann man die Präsentationsfolien und die Poster nur in einer Rohversion erstellen und die Formatierungen und Design-Optimierungen den Hilfskräften überlassen.

- *Kongressvorbereitung minimieren.* Die Zeit im Zug / am Flughafen / im Flugzeug / während des Kongresses kann man unter anderem nutzen, um dem Vortrag den letzten Schliff zu geben. Lieber sollte man sich vor der Fahrt zum Kongress dem Publizieren widmen, statt sich auf den Kongress vorzubereiten. Was Poster anbelangt, so kann man sich unterwegs oder vor Ort überlegen, was man Interessierten erzählen will.

Wichtig ist es, zu erwähnen, dass die Bedeutung von Kongressbeiträgen sich über die Fächer hinweg stark unterscheiden kann. Das hier Geschriebene basiert sehr auf meinen Erfahrungen im Fach Psychologie. Hierzu ein Zitat aus einer Rückmeldung zur 1. Auflage dieses Buches: „Bezüglich Kongressen teile ich nicht ganz Ihre Empfehlungen (was aber evtl. auch an den unterschiedlichen Fächern liegen kann). Gerade am Anfang der Karriere ist mein Eindruck, dass man probieren sollte möglichst viele gute Vorträge bei Konferenzen/Seminaren zu halten (also nicht nur auf minimaler Flamme zu fahren/den Aufwand zu minimieren). So kommt man einfacher mit neuen Leuten ins Gespräch, baut Reputation auf (insbesondere, da die meisten anderen Wissenschaftler*innen nicht die Zeit haben die eigenen Papers auch wirklich zu lesen), und als guter Speaker bekommt man auch tendenziell mehr Einladungen außerhalb der eigenen Uni Vorträge zu halten etc. (natürlich ist hier gute wissenschaftliche Arbeit implizit vorausgesetzt)."

In der Regel startet man als Doktorand*in mit Poster-Präsentationen. Der nächste Schritt: Vorträge – und schließlich als Post-Doc und Professor*in die Organisation eigener Symposien. Bei internationalen Symposien hat man gute Chancen, wenn man Personen aus unterschiedlichen Ländern einlädt – und natürlich auf sehr hohem Niveau agiert.

Ein Tipp an dieser Stelle zur Unterkunft: Es ist in der Regel gut, ein Hotel in unmittelbarer Nähe des Kongressortes (z. B. der Kongresshalle) zu buchen. So spart man sich eine Menge Zeit und viel Stress. Und man kann sich zwischendurch mal ausruhen oder noch ungestört an seiner Präsentation arbeiten.

Noch ein letzter Punkt: Es ist empfehlenswert, sich während Kongressen immer auch Zeit für die Beantwortung von E-Mails zu nehmen. Ansonsten ist man genervt, wenn man nach dem Kongressbesuch 674 E-Mails beantworten muss. Und man kann (soll) sich durchaus etwas Zeit dafür nehmen, während der Kongressbesuche im Hotel an Publikationen weiterzuarbeiten – ansonsten hat man das Gefühl, durch den Kongressbesuch etwas „blockiert" worden zu sein. Zwei Stunden am Tag publizieren (z. B. jeweils am Vormittag) ist, wie schon erwähnt, empfehlenswert.

Und doch noch ein Punkt: Wenn mehrere Personen einer Arbeitsgruppe bei einem Kongress sind, dann kann sich sicherlich die Gruppe mal als solche treffen, da dies meist nett ist und den Zusammenhalt stärken kann. Allerdings sollte man sehr aufpassen, dass man sich als eine solche Gruppe nicht abkapselt – man sieht die Kolleg*innen ohnehin an der eigenen Universität, d. h., es ist angebracht, die Zeiten bei Kongressen explizit für Kontakte mit anderen Personen zu nutzen. Eventuell kann dieser Punkt vor dem Kongressbesuch angesprochen werden, sodass es nicht falsch interpretiert wird, wenn man beim Kongress relativ wenig mit den Kolleg*innen der eigenen Arbeitsgruppe unternimmt. Sich als Gruppe mit den Mitgliedern einer anderen Arbeitsgruppe zu treffen, kann auch im Hinblick auf die Vernetzung von zwei Arbeitsgruppen sehr spannend und hilfreich sein.

Ach ja – und hier noch ein Gedanke: Übertreiben sollte man es natürlich mit den Sozialkontakten auch nicht. Kongressteilnehmer*innen, die von einer zur nächsten Person hetzen, dem Gegenüber gar nicht mehr aufmerksam zuhören können, weil sie schon wieder nach evtl. noch wichtigeren Personen Ausschau halten, werden manchmal als „social butterflies" bezeichnet. Na ja, schmeichelhaft ist es nicht, so bezeichnet zu werden.

6.   Drittmittel! Drittmittel? Drittmittel.

Bedeutung von Drittmitteln

Drittmittel sind Mittel, mit denen man die eigene *Forschung* finanziert, z. B. Stellen von Mitarbeiter*innen, den Kauf von Geräten, den Kauf von Software, Kongress- und Dienstreisen, Weiterbildungen oder die Vergabe von Aufträgen an externe Institutionen (etwa Datenerhebung, Programmierarbeiten) und die Entlohnung von Versuchspersonen. Eine Facette von Drittmitteln ist immer aber auch das damit einhergehende *Renommee*: Wer ist der*die Drittmittelkönig*in am Fachbereich, in der Fakultät oder an der Uni? Und drittmittelstarke Gruppen haben bezüglich der *Akquise des wissenschaftlichen Nachwuchses* große Vorteile, da Drittmittel häufig mit Qualität gleichgesetzt werden. Für *Bewerbungen* sind die eingeworbenen Drittmittel neben den Publikationen von hoher Bedeutung. Die Universitäten bekommen je nach Förderquelle *zusätzliche Gelder* entsprechend den von ihnen eingeworbenen Drittmitteln („Überhang", „Overhead"). Daher sind die Drittmittel für die Universitäten natürlich sehr wichtig – selbstverständlich auch und im Hinblick auf Forschungsrankings. Manche Unis geben den Antragsteller*innen noch mal ein paar Prozent der eingeworbenen Drittmittel zur relativ freien Verfügung für Forschungszwecke – sogenannte Drittmittel-Belohnungsmodelle.

Einwerben von Drittmitteln

Wenn man Drittmittel einwirbt, so sollte man sich zunächst genau überlegen, welches Projekt man wo beantragt (z. B. bei der DFG, dem BMBF, der EU oder einer Stiftung). Hierzu ist es sehr ratsam, sich die Förderrichtlinien sehr genau anzusehen, um nicht viel Arbeit in einen Antrag zu stecken, der nicht voll und ganz im Einklang mit den Statuten der jeweiligen Institution steht. Je mehr Informationen man im

Vorfeld bekommen kann, desto besser. Häufig wird zu wenig Zeit in diese Phase der Informationssammlung gesteckt. An manchen Universitäten gibt es auch Stellen, die einen bei diesem ersten und sehr wichtigen Schritt unterstützen (z. B. haben manche Universitäten eine Abteilung „Forschungssupport"). Selbstverständlich ist es auch ratsam, Kolleg*innen um Rat zu bitten, die bereits Erfahrungen mit spezifischen Fördereinrichtungen sammeln konnten.

Der Antrag sollte dann auf die Institution zugeschnitten werden, bei welcher der Antrag gestellt wird. In der Regel hat es jedoch keinen Sinn, wenn man sich zu sehr „verbiegen" muss, damit eine Passung gegeben ist. Das wirkt dann oft wirklich hingebogen – und die Gutachter*innen merken es meist. Die Formalia sollten unbedingt eingehalten werden – das ist eine Selbstverständlichkeit. Und die Qualität sollte in jedem Fall sehr hoch sein. Auch halbherzige Anträge bedeuten viel Arbeit – und häufig ist diese umsonst. Dann lieber gleich einen guten Antrag schreiben – und dafür evtl. weniger Anträge.

Ausmaß an Drittmitteln

Mit den Drittmitteln sollte man es nicht übertreiben. Anträge, Zwischenberichte, Abschlussberichte und Folgeanträge zu schreiben ist mit viel Arbeit verbunden, und man sollte sich davor hüten, nur noch Anträge und Berichte zu schreiben und sich zu wenig der eigentlichen Forschung und der Betreuung seiner Arbeitsgruppe zu widmen. Man verfällt leicht dem „Drittmittel-Wahn", weil man ja von allen Seiten gelobt und belohnt wird, wenn man viele Drittmittel hat. Und schnell fühlt man sich auch unter Druck gesetzt, Drittmittel einzuwerben – eben, weil es z. B. für die Fakultät bzw. die gesamte Universität wichtig ist. Es ist manchmal nicht gerade einfach, das Maß am Anträge schreiben zu finden, das für einen selbst gut ist. Gerade in den Geisteswissenschaften ist es häufig gar nicht nötig, viel Geld für die Forschung zu haben. Man kann oft mit relativ wenig Geld hervorragende Forschung betreiben.

Kooperationen im Rahmen von Drittmittelprojekten

Drittmittel werden häufig im Rahmen interdisziplinärer Vorhaben eingeworben. Oft bekommt man Anfragen, ob man denn nicht gemeinsam einen Antrag verfassen möchte. Derartige Anfragen sind immer verlockend, führen aber häufig dazu, dass man seine eigene Forschungslinie nicht konsequent verfolgt, sein Profil nicht schärft und sich schließlich verzettelt (Stichwort: Gefahr „Drittmittelopportunismus"). Dann ist es nötig, den Kolleg*innen zu verdeutlichen, dass ein entsprechender Antrag nicht zur inhaltlichen Ausrichtung passt. Im Sinne einer Profilbildung ist es daher anzuraten, selbst die Initiative bezüglich Kooperationen zu ergreifen und sich Partner*innen zu suchen, die die eigenen Forschungsvorhaben optimal ergänzen und selbst von der Kooperation profitieren können. Interdisziplinäre Projekte können hoch spannend und innovativ sein – man sollte jedoch die Probleme von interdisziplinärer Arbeit nicht unterschätzen (z. B. unterschiedliche „Sprache", andere

Methoden, andere Forschungsprinzipien – so ist in experimentellen Studien in der Ökonomie beispielsweise keine Deception, d. h. keine Täuschung möglich, was in der Psychologie häufig problemlos geht und für manche Fragestellungen sogar notwendig ist). Die Anfangsinvestition ist bei interdisziplinären Projekten häufig sehr hoch. Interdisziplinäre Forschung kann sehr erfolgreich sein, indem sie die Grenzen der Disziplinen überschreitet. Aber sie sollte nicht als Wert per se hochgeschätzt und angestrebt werden, wenn nicht entsprechende fächerübergreifende Fragestellungen und Herangehensweisen für sie sprechen (Stichwort: Gefahr „Interdisziplinaritätsopportunismus").

Abgelehnte Anträge

Ablehnungen sind nicht zu unterschätzende Kosten im Rahmen der Einwerbung von Drittmitteln: sie können reputationsschädlich sein. Im Hinblick auf das „Impression Management" sollte man sich daher Gedanken darüber machen, welchen Personen man von Ablehnungen berichtet. In manchen Fällen ist es ohnehin unvermeidbar, dass Ablehnungen öffentlich bekannt werden – z. B. weil manche Begutachtungsverfahren öffentlich sind.

Ob ein Antrag bewilligt wird, hängt natürlich maßgeblich von seiner Qualität ab. Allerdings ist immer auch etwas Glück dabei – z. B. welche Gutachter*innen ausgewählt werden und wie diese zu dem Thema des Antrags generell stehen. Meine Erfahrung ist, dass Anträge in der Regel sehr professionell begutachtet werden – aber manche Gutachter*innen suchen auch das Haar in der Suppe. Hier finden sich z. T. auch große Unterschiede zwischen den Fächern. Während es in manchen Fächern (z. B. in der Physik) die Tradition gibt, im Gutachten einen Antrag entweder hoch zu loben oder ihn scharf zu kritisieren, d. h. relativ klar Ja oder Nein zum Antrag zu sagen, gehört es in anderen Fächern (z. B. in der Psychologie) zum guten Ton, selbst bei einer sehr positiven Bewertung noch etwas Kritisches zu nennen. Wenn nun Anträge über Fächer hinweg konkurrieren, dann haben die Fächer mit der Standard-Kritik bei selbst hervorragendem Antrag einen schwierigeren Stand.

Es empfiehlt sich, die Gutachten genau zu analysieren und gerechtfertigte Kritik bei einer möglichen Revision des Antrags zu berücksichtigen. Manchmal kann man zu dem Schluss kommen, dass das beantragte Projekt in der Tat so viele Mängel aufweist, dass selbst eine Überarbeitung wenig erfolgsversprechend ist. In diesem Falle sollte man auf keinen Fall einfach weitermachen – weil man ja schon so viel investiert hat („sunk costs"). Ob eine Revision des Antrags sinnvoll ist, hängt natürlich auch davon ab, ob es alternative Einrichtungen gibt, bei denen man den Antrag noch einreichen könnte (z. B. bei einer DFG-Ablehnung beim BMBF oder umgekehrt). Grundsätzlich ist es wichtig, mit Ablehnungen von Anträgen zurechtzukommen – auch wenn es bitter ist. Die Wissenschaftsförderung ist nun mal hoch kompetitiv, und Ablehnungen zu erhalten ist (je nach Ausmaß) auch nichts wirklich Außergewöhnliches. Während Ablehnungen für Personen mit befristeten Stellen oft existenziell sein können („jede Ablehnung ist ein Schritt zur Arbeitslosigkeit"), sind sie für Professor*innen auf unbefristeten Stellen auch sehr bitter, aber sie bedrohen die berufliche Existenz nicht. Dies ermöglicht es evtl. eher, auch mal ungewöhnliche Projekte zu beantragen – und dies ist sicher ein Vorteil unbefristeter Stellen: Den Luxus zu haben, auch mal wirklich Riskantes zu wagen, weil man mit einer Ablehnung leben könnte. Durch dieses Wagnis können auch sehr innovative Forschungslinien entstehen.

Kritisches zu Drittmitteln

Bei all den genannten positiven Aspekten von Drittmitteln darf man nicht vergessen, dass diese Gelder eigentlich „Mittel zum Zweck sind" – sie sind notwendig, um Forschung zu betreiben. Sicher kann man das Verfassen eines Antrags auch als Forschungsarbeit sehen – hier werden oft Literaturrecherchen durchgeführt, es wird der Stand der Forschung skizziert, es werden Designs entwickelt usw. Drittmittel an sich sind allerdings primär im Sinne eines „Inputs" zu sehen. Zentral ist jedoch immer das Produkt, d. h. die Publikation der Forschungsergebnisse („Output"). Drittmittel sind in den vergangenen Jahren immer mehr zu Outputs geworden – d. h., sie werden als „Wert per se" gesehen. Im Extremfall können Drittmittel jedoch relativ wertlos sein, wenn z. B. „Datenfriedhöfe" erzeugt werden, weil die Zeit zum Analysieren und Publizieren der Ergebnisse fehlt – es muss ja schließlich schon wieder der nächste Antrag geschrieben werden.

In der Tat verwenden viele Wissenschaftler*innen so viel Zeit mit der Akquise von Drittmitteln und dem Schreiben von Berichten, dass sie keine Zeit mehr zum Publizieren der Ergebnisse haben – bzw. viel zu wenig oder nur Oberflächliches publiziert wird. Manchmal leidet sogar die Qualität der Durchführung von Forschungsprojekten an dem permanenten Zeitdruck, der unter anderem durch das ständige Schreiben neuer Anträge entsteht. Unser Drittmittel-System verleitet dazu, sich in ihm zu verlieren.

Manche Fördereinrichtungen verfolgen aus diesem Grund eine andere Strategie: Bisherige Publikationen dienen als Qualitätsmaßstab. Wer also publiziert hat, dem*der traut man auch gute Forschung zu. Zudem geht es zunehmend um die Qualität der Publikationen (z. B. gemessen am Impact-Faktor des Journals) und weniger um die Quantität (Verringerung der „Publikationsflut"). Folglich müssten die Anträge weniger umfangreich und damit auch weniger zeitaufwändig sein. Und kürzere Berichte sollten ebenfalls Standard sein – ergänzt durch die aus dem Projekt heraus entstandenen Publikationen. Meines Erachtens wäre eine solche Politik sehr gut im Hinblick auf die Förderung hochrangiger wissenschaftlicher Publikationen.

Zum Schluss noch ein wörtliches Zitat aus einer Rückmeldung zur 1. Ausgabe dieses Buches: „Was man ergänzen könnte: Dass es teilweise sehr bedauerlich ist, dass immer mehr große Projekte und Forschungsverbünde gefördert und teilweise von oben gefordert werden, die nicht dem wissenschaftlichen Interesse der einzelnen Kolleg*innen entspringen, sondern aus welchen Gründen auch immer (forschungs-)politisch gewünscht sind. Allzu häufig werden solche Initiativen dann nicht nach ihrem Output im Hinblick auf Publikationen bewertet, sondern an sich für gut befunden".

Lehre

7. Lehre – für viele ein „notwendiges Übel"

Gute Lehre wird an Universitäten noch immer wenig honoriert, wenngleich es zahlreiche Initiativen gibt, ihr mehr Wert beizumessen (z. B. stärkere Gewichtung der Lehre bei Berufungsverfahren, regelmäßige Lehr-Evaluationen, Kommunikation der Wichtigkeit von Lehre). Bedenkt man die Fülle der Aufgaben, mit denen man als Professor*in konfrontiert ist, so ist es nicht verwunderlich, dass viele an der Stelle Zeit sparen, an der sie bei suboptimaler Qualität kaum Schaden nehmen, nämlich bei der Lehre. Aber man hat sicherlich eine große Verantwortung gegenüber den Studierenden, gute Lehrveranstaltungen durchzuführen. Und durch die Lehre bilden wir außerdem unseren wissenschaftlichen Nachwuchs aus (auch wenn das nur für einen kleinen Teil der Studierenden zutrifft) – und unser wissenschaftlicher Nachwuchs wird ebenfalls lehren, d. h., wir haben hier auch eine Vorbild- bzw. Modellfunktion. Darüber hinaus bringen Studierende innovative Ideen in Lehrveranstaltungen ein, die auch für die Forschung hilfreich sind – je besser die Lehre, desto mehr solcher innovativer Ideen fließen wohl ein. Schließlich geht es auch darum, immerhin in der Regel neun Semesterwochenstunden derart zu gestalten, dass man auch selbst Freude am Unterrichten hat – eine wirklich unschöne Vorstellung, jede Woche neun Stunden nur „abzuarbeiten".

8. Den Zeitaufwand für Lehre optimieren

Ideal ist es, sehr gute Lehrveranstaltungen mit möglichst wenig Zeitaufwand durchzuführen. Hier ein paar Anregungen, wie dies realisiert werden kann:

- *Sich weiterbilden.* Sich im Bereich Lehre weiterzubilden (z. B. über die hochschuldidaktischen Zentren) kann motivieren und selbst bei zunächst hohem Investitionsaufwand langfristig Zeit sparen. Beispielsweise kann ein Kurs zur Nutzung von Lernplattformen sehr hilfreich sein, um effektiv mit diesen arbeiten zu können. Über die hochschuldidaktischen Zentren können Tandems gebildet werden, in deren Rahmen Hospitationen mit Rückmeldungen stattfinden. Sich immer wieder mal mit Kolleg*innen über die Qualität der Lehre auszutauschen, kann sehr gewinnbringend sein – und sei es nur im Rahmen eines gemeinsamen Mittagessens.

- *Sich unterstützen lassen.* Man kann Hilfskräfte zur Unterstützung von Lehrveranstaltungen einsetzen (z. B. Literaturrecherche, Erstellung und Verwaltung elektronischer Semesterapparate, Unterstützung bei Korrekturen – z. B. Vorkorrektur, Formatierung von Präsentationen, Formulierungsvorschläge für Klausurfragen,

Hilfskraft-Sprechstunde zur Referatsvorbesprechung, bei Vorlesungen Technik auf- und abbauen lassen [wirkt evtl. etwas antiquiert – spart aber dennoch Zeit – sicherlich auch eine Stilfrage], E-Mail-Anfragen zunächst an Hilfskräfte richten lassen und nur dann persönlich antworten, wenn die Frage im Vorfeld nicht geklärt werden konnte). Auch Mitarbeiter*innen kann man um Unterstützung bezüglich der Lehrveranstaltungen bitten. Hierbei ist es selbstverständlich wichtig, sie nicht allzu sehr zeitlich zu belasten.

- *Lehrveranstaltungen wiederholt anbieten.* Mit relativ wenig Aufwand können Veranstaltungen dadurch optimiert werden.

- *Standardmaterialien erstellen (lassen).* Das Erstellen von „Standardmaterialien", die man immer wieder einsetzt, kann sehr zeitsparende Wirkungen haben. Beispielsweise kann man einen Kriterienkatalog zur Bewertung von Referaten verfassen oder Beispiel-Klausuraufgaben. Diese Materialien kann man dann bei unterschiedlichen Lehrveranstaltungen zeigen.

- *Multiple-Choice-Aufgaben.* Bei Klausuren zumindest einen Teil der Aufgaben als Multiple-Choice-Aufgaben zu formulieren verringert den Zeitaufwand für die Auswertung.

- *Eigene Forschungsarbeiten integrieren.* Eigene Forschungsarbeiten in die Lehre einzubringen ist in der Regel mit wenig Aufwand verbunden, da man seine Arbeiten ja ohnehin auch bei Kongressen vorstellt – man kann z. B. einen Kongressvortrag durchaus auch in eine Vorlesung oder ein Seminar einbauen. Und Studierende sind in der Regel sehr an aktuellen Forschungsarbeiten interessiert. Zudem berichtet man häufig von der eigenen Forschung mit großer Begeisterung, was für Lehrveranstaltungen sehr gut ist.

9. Koordination der Lehrveranstaltungen

In Arbeitsgruppen empfiehlt es sich, die angebotenen Lehrveranstaltungen gut zu koordinieren. Hier ein paar Anregungen:

- *Lehrveranstaltungen inhaltlich koordinieren.* Dies ist für die Studierenden wichtig, aber auch für die Lehrenden – bei inhaltlichen Überschneidungen kann z. B. dieselbe Literatur verwendet werden und man kann sich über die zu besprechenden Inhalte austauschen – vor, während und nach dem Semester.

- *Gemeinamen Aufgabenpool generieren.* Wenn sich Lehrveranstaltungen z. T. inhaltlich überschneiden, dann ist bei Prüfungen ein Pool an identischen Aufgaben in diesen Veranstaltungen empfehlenswert. Anhand dieser Aufgaben kann man z. B. die erreichten Noten der Studierenden vergleichen und sehen, ob man auf einem ähnlichen Niveau gearbeitet hat (wobei sicherlich auch unterschiedliche

Studierende in den Seminaren Ursache von solchen Niveau-Unterschieden sein können).

- *Step by Step.* Auch Veränderungen im Lehrangebot können koordiniert werden – so ist es beispielsweise manchmal empfehlenswert, nicht völlig neue Seminare anzubieten, sondern diesen Schritt für Schritt (z. B. über drei Semester hinweg) eine neue inhaltliche Ausrichtung zu geben – dies ist in der Regel ökonomischer als die Ausarbeitung eines neuen Seminarkonzepts.

- *Austausch bezüglich Didaktik.* Auch bezüglich der didaktischen Herangehensweisen ist eine Koordination sinnvoll, sodass man sich auch hier unterstützen kann und nicht jede*r mit den angewendeten Methoden isoliert arbeitet.

- *Das Rad nicht immer neu erfinden.* Für neue Mitarbeiter*innen ist es oft empfehlenswert, wenn sie bereits vorhandene Seminarkonzepte übernehmen bzw. diese mehr oder weniger stark adaptieren. Dadurch wachsen sie in die Lehre mit relativ geringem Aufwand hinein – das Rad muss nicht immer neu erfunden, sondern optimiert werden.

Selbstverständlich sollte die Koordination der Lehrveranstaltungen immer auch mit einer Reflexion, Evaluation und permanenten Optimierung einhergehen. Und selbstverständlich sollte immer noch genügend individueller Freiraum für die Mitglieder der Arbeitsgruppe vorhanden sein – bezüglich der Inhalte, der Prüfungen und der Didaktik. Und zu guter Letzt: Durch die Koordination der Lehrveranstaltungen signalisiert man auch, dass man sie für wichtig erachtet und man hier an einem Strang ziehen möchte – dies ist motivierend und kann positive Einstellungen zur Lehre fördern.

Einstellungen

10. Die Dinge nicht persönlich nehmen

Um sich schlaflose Nächte zu ersparen und nicht zu denken, man sei von einigen Menschen umgeben, die es nicht gut mit einem meinen, ist es wichtig, die Dinge nicht persönlich zu nehmen. Es geht an Universitäten sehr häufig um Ressourcenverteilung im weitesten Sinne. Und um Ressourcen wird nun mal gekämpft, was ja schließlich niemandem zu verübeln ist. Wenn jemand mehr haben will, heißt das oft zwangsläufig, dass andere weniger bekommen. Ob es sich bei diesen Ressourcen nun um Gelder, um Räume, um Mitarbeiter*innen, um Forschungsfreisemester, um die Reduzierung des Lehrdeputats oder das Mitwirken in Gremien handelt – es geht meist in erster Linie darum, ein möglichst großes Kuchenstück abzubekommen. Und Persönliches spielt hierbei keine, oder zumindest eine sehr untergeordnete Rolle. Dies sollte man sich immer wieder bewusst machen, da man sich sonst sehr schnell und häufig persönlich angegriffen fühlt und dies die Zusammenarbeit sehr schwierig gestalten kann. Da es sich an Universitäten oft um einen kleinen Kreis von Personen handelt, mit denen man regelmäßig zu tun hat und mit denen man in der Regel auch sehr langfristig zusammenarbeitet, ist es alles andere als empfehlenswert, diesen Personen Handlungen zu verübeln, die nachvollziehbar sind und bei denen es um die Sache und nicht um die Person geht. Sicher gibt es auch Fälle, in welchen man persönlich angegriffen wird – diese sind aber in der Regel sehr selten, und man muss sich auf solche „Spiele" nicht einlassen. Dinge nicht persönlich zu nehmen ist für das seelische und körperliche Wohlbefinden sehr wichtig – es ermöglicht auch eine gewisse Gelassenheit, durch die man seine Ziele zuweilen eher als durch Verbissenheit erreichen kann. Und nehmen Sie es auch nicht zu persönlich, wenn andere etwas persönlich nehmen.

11. Das passende Ausmaß an Distanz finden

Nur allzu schnell identifiziert man sich mit Dingen – mit Rollen („der*die Professor*in"), mit Ideen, mit seiner Forschung, mit seiner Arbeitsgruppe, mit seiner Universität und mit sich selbst. Identifikation bedeutet ja auch immer, dass man die Dinge und sich selbst wichtig nimmt, dass einem etwas an den Dingen und einem selbst liegt. Aber oft ist eine gewisse Distanz sehr wichtig, um eine gesunde Außenperspektive aufrechtzuerhalten. Wenn wir zu sehr in den Dingen und in uns selbst aufgehen, dann können wir kein Monitoring (d. h. kein Beobachten der eigenen Handlungen) mehr betreiben und wir werden schnell von anderen und auch von uns selbst unkontrolliert gesteuert. Wenn wir keine Distanz mehr bewahren können, dann werden wir unsere Arbeit. Aber gerade im Beruflichen sollte uns immer wieder klar sein, dass wir in unterschiedlichen Kontexten unterschiedliche Rollen spielen – in oft sehr wichtigen, interessanten und spannenden Kontexten. Die große Kunst ist es, das Ausmaß an Distanz zu den Dingen und zu sich selbst zu bestimmen, d. h. regulieren zu können. Wir schaden uns, der Sache und sicher auch unseren Mitarbeiter*innen (und auch unseren Freund*innen), wenn es uns nicht gelingt, einen gesunden, selbstbestimmten und veränderbaren Abstand zu den Dingen und zu uns selbst zu bewahren. Ein erster Schritt könnte darin bestehen, sich nicht zu wichtig zu nehmen – und das gelingt so manchen Professor*innen nicht. Das Verrückte daran ist, dass man sich selbst schon ziemlich wichtig sein muss, um sich nicht so wichtig zu nehmen.

12. Paranoia ist spannend – aber nicht empfehlenswert

„Warum ist der*die so nett zu mir? – Er*sie muss etwas von mir haben wollen". „Ein Fehler, ein Missgeschick! Dass ich nicht lache: Ein übler Versuch vage Formulierungen für die eigenen Zwecke zu missbrauchen". „Die haben sicherlich hinterrücks Pläne geschmiedet – sich gegen mich verbündet".

Sehr schnell verfällt man im (scheinbaren) Haifischbecken der Paranoia. Es ist manchmal eine Gratwanderung zwischen einem gesunden Maß an Vorsicht und Skepsis auf der einen Seite und paranoiden Vorstellungen auf der anderen. Problematisch wird es spätestens dann, wenn man anderen grundsätzlich böse Absichten unterstellt und in jeder Handlung einen mehr oder weniger offenen Angriff sieht. Und noch problematischer wird es, wenn ein Transfer der Paranoia ins Private stattfindet. Es ist wie in der Statistik mit den Alpha- und den Beta-Fehlern: Wenn man vielen Menschen vertraut, dann wird das Vertrauen hin und wieder missbraucht werden; und wenn man vielen Menschen misstraut, dann tut man immer wieder einigen davon Unrecht. Wirklich hilfreich ist auch hier die Meta-Ebene. Solange wir uns unserer schwierigen Gratwanderung bewusst sind, können wir das Ausmaß an Vertrauen und Misstrauen steuern. Schwierig wird es nur dann, wenn uns dies nicht mehr gelingt. Hier kann Monitoring und gegebenenfalls das Konsultieren eines Coaches überaus hilfreich sein. Das Paranoia-Problem ist weit verbreitet an Universitäten (und natürlich auch anderswo), und es kann wirklich unangenehm werden, wenn wir verlernen, unseren Kolleg*innen mit einer gewissen Offenheit und mit Vertrauen zu begegnen. (Oder führen sie doch etwas im Schilde?)

13. Hierarchie – formal und gelebt

Universitäten weisen formal in der Regel eine sehr stark hierarchische Ordnung auf – da gibt es den*die Rektor*in (bzw. Präsidenten*Präsidentin), die Prorektor*innen (bzw. Präsident*innen, Vizepräsident*innen), den Senat, die Fachbereiche, die

Institute, die Arbeitsgruppen mit ihren Leiter*innen, die akademischen Mitarbeiter*innen und die wissenschaftlichen und studentischen Hilfskräfte. Auch im Verwaltungsapparat gibt es klare Hierarchien. Gelebt wird an Universitäten jedoch in der Regel eine flache Hierarchie. Allerdings bedeutet selbst eine gelebt flache Hierarchie nicht, dass die starke formale Hierarchie dadurch aufgehoben wäre.

Insbesondere beim Schriftverkehr (Briefe, E-Mails) ist die Hierarchie zu berücksichtigen. Beispielsweise ist es empfehlenswert, bei offiziellen Schreiben immer zu bedenken, die höchste formale Anrede in Erwägung zu ziehen. Selbst wenn man z. B. mit dem*der Dekan*in oder dem*der Rektorin per Du sein sollte, ist eine offizielle formale Anrede wichtig. In der Rhetorik wird gelehrt, bei Reden zunächst die höchste förmliche Anrede zu wählen, und diese mit einer oder mehreren weniger förmlichen Anreden zu ergänzen. So könnte man beispielsweise an die Rektorin, mit der man per Du ist schreiben: „Magnifizenz, sehr geehrte Rektorin, liebe Nahida" oder zum Dekan, mit dem man per Du ist: „Spectabilis, sehr geehrter Dekan, lieber Ahmad". Eine andere Möglichkeit besteht darin, z. B. „Magnifizenz, sehr geehrte Rektorin" zu schreiben und handschriftlich „Liebe Nahida" zu ergänzen. Am Ende kann man dann noch nach dem formalen Ende („Mit freundlichen Grüßen...") „Dein Ronald" ergänzen (natürlich nur, wenn man auch Ronald heißt). Dies wird häufig an Universitäten gemacht. Ob man die hoch formalen Begriffe „Magnifizenz", „Spectabilis" usw. verwendet, hängt sicherlich etwas von der Tradition der spezifischen Universität ab. Bei einer diesbezüglichen Ungewissheit ist es in der Regel weniger schädlich zu formal als zu wenig formal zu sein.

Bei E-Mails kann man in der Regel weniger förmlich beginnen. Allerdings ist man häufig versucht, bei E-Mails sehr schnell zu wenig formal zu werden – es ist empfehlenswert, insbesondere bei E-Mails mit offiziellem Inhalt, die Form zu bewahren. E-Mails werden sehr häufig an andere Personen weitergeleitet (das ist weitgehend unkontrollierbar) bzw. landen zunächst im Sekretariat der Zielperson. Das heißt, für die Zielperson ist es wichtig, dass nach außen die Form gewahrt wird, selbst wenn man mit dieser Person ein „wenig formales" Verhältnis hat. Die Form zu berücksichtigen ist insbesondere auch bei „Erstkontakten" wichtig. Auch hier ist ein zu formales Schreiben immer besser als ein zu wenig formales Schreiben – das ist auch eine Frage der Wertschätzung. Wenn Studierende oder auch akademische Mitarbeiter*innen eine erste E-Mail an eine Professorin beispielsweise mit „Hallo Frau Oskolokov" beginnen, so ist dies indiskutabel und nicht empfehlenswert (noch schlimmer ist das „Hi" ohne Namen). Formale und gelebte Hierarchien können sich zwischen den Fakultäten unter Umständen sehr stark unterscheiden – hier sollte man insbesondere am Anfang sehr wachsam sein, um jeweils das angemessene Maß an Formalität zu finden. Formale und gelebte Hierarchien unterscheiden sich z. T. auch sehr stark zwischen Ländern und Kulturen. Selbst zwischen benachbarten Ländern wie Deutschland, Österreich und der Schweiz gibt es hier nicht zu unterschätzende Unterschiede.

14. Sensibilität für Rollenkonflikte entwickeln

Selbst Personen mit mehreren dissoziativen Identitäten können nicht verschiedene Personen simultan verkörpern – vielmehr springen sie von einer Persönlichkeit in eine andere. Und ebenso springt man als Professor*in ständig in verschiedene Rollen: „Cool, calm and collected" als Mitglied einer Berufungskommission, der*die Hochkritische in der Habilitationskommission, der*die Kreativ-Aufgeschlossene bei der Planung von Forschungsprojekten, der*die Mentor*in beim Gespräch mit den Doktorand*innen und der*die nette, auch über Persönliches sprechende Kollege*Kollegin im Campus-Café. Aber häufig passiert es, dass der*die nette Kollege*Kollegin, mit dem*der man eben noch einen Kaffee getrunken hat und mit dem*der man per Du ist, als Dekan*in oder als Vizepräsident*in vor einem sitzt und Dinge entscheidet, die einem gar nicht gefallen. Oder man sitzt abends bei der Weihnachtsfeier neben dem*der Sekretär*in, mit dem*der man eben noch ein Konfliktgespräch geführt hat. Das sind alles typische und gar nicht selten auftretende Situationen, in denen Rollenkonflikte entstehen können, die alles andere als angenehm sind. Es ist wichtig, sich immer seiner aktuellen Rolle bewusst zu sein und entsprechend dieser aktuellen Rolle auch zu agieren. Beim Zielgespräch mit Mitarbeiter*innen ist man beispielsweise Betreuer*in, Mentor*in oder Prüfer*in – aber nicht Freund*in. Und wenn man im Regen neben einem*einer Mitarbeiter*in steht und auf den Bus wartet, ist man in diesem Moment ein*e am Regen Leidende*r – aber nicht Prüfer*in. Häufig ist es nicht einfach, die aktuelle Rolle zu definieren und entsprechend zu handeln. Kompliziert kann es werden, wenn ganz verschiedene Personen in einer Gruppe zusammen sind – wie beispielsweise in der Mensa, wenn Kolleg*innen, Mitarbeiter*innen und studentische Hilfskräfte an einem Tisch sitzen. Eindeutige Lösungen gibt es häufig nicht. Aber es hilft bereits, wenn man sich seine aktuelle Rolle häufig bewusst macht und eine Sensibilität für sein Leben in Universitätsrollen entwickelt.

15. Ethik und Moral im Universitätsalltag

Dieser Abschnitt ist „domänenübergreifend" – Ethik und Moral spielen selbstverständlich in allen Lebensbereichen eine wichtige Rolle. Aber im Universitätsgetriebe vergisst man oft, dass so manche Tätigkeit große reale und z. T. sogar existenzielle Bedeutung hat – und somit Ethik und Moral eine wichtige Rolle spielen. Wenn z. B. in Berufungskommissionen Machtspiele ausgetragen werden, bei denen es nicht um die Bewerber*innen, sondern um Alpha-Tierchen-Sein oder die machtvolle Stärkung oder auch Schwächung eines Bereichs geht, dann wird im Eifer des Gefechts manchmal vergessen, dass es um die berufliche Zukunft von ganz realen Menschen geht. Wenn es nicht mehr um die Sache an sich, sondern um das Ego oder andere, mehr oder weniger „niedere", Motive geht, dann ist dies ethisch und moralisch doch höchst bedenklich. Hin und wieder eine Metaebene einzunehmen und über das Verhalten zu reflektieren, kann für einen selbst, aber auch für alle anderen, sehr hilfreich sein.

16. Gender – Tiefenstrukturen des Denkens und Handelns

Das Thema „Gender" ist an Universitäten allgegenwärtig. Zum Beispiel trifft man als Professor*in bei Publikationstätigkeiten, der Kommissionsarbeit und in der Lehre auf folgende diesbezügliche Fragen:

- Verwendet man eine adäquate gendergerechte Sprache (z. B. Verwendung Gender Star)?

- Welche Begrifflichkeiten verwendet man im Kontext von „Gender" (z. B. Diversität, Intersektionalität, ...)?

- Was kann die Universität bzw. die eigene Arbeitsgruppe dazu beitragen, dass der Frauenanteil nicht negativ mit der Karrierestufe korreliert?

- Wird bei der Besetzung von Gremien und Panels auf Gender-Parität geachtet?

- Wie kann der Anteil an weiblichen bzw. männlichen Studierenden in spezifischen Fächern erhöht werden?

- Sollten diese Anteile überhaupt verändert werden?

- Wo gibt es geschlechterbedingte Benachteiligungen an Universitäten?

- Wie können Mutterschutz und Elternzeit berufsgünstig gut gestaltet werden?

Dies sind alles höchst komplexe, vielschichtige und alles andere als einfach zu beantwortende Fragen. Neben diesen – z. T. sehr konkreten und praxisrelevanten Aspekten – gilt es jedoch auch patriarchale Prägungen und Strukturen zu reflektieren, mithin die (eigenen) Tiefenannahmen zum Thema Gender zu hinterfragen und so die tief in unsere Kultur eingeschriebenen Unterscheidungen zwischen typisch männlich vs. typisch weiblich zu erkennen und zu verändern.

Um geschlechterbedingte Benachteiligung bzw. Bevorzugung oder auch einfach Unterschiede in der Behandlung aufgrund des Geschlechts im eigenen Alltagshandeln und Umfeld zu erkennen und ggf. zu verändern, können Reflexionsfragen hilfreich sein:

- Sind Reaktionen unterschiedlich, je nachdem ob ein Mann oder eine Frau eine scharfe Kritik äußert?

- Wiederholt ein Mann die Aussage einer Frau mit den eigenen Worten und eignet sich so die Grundidee an?

- Erklärt ein Mann einer Frau Sachinhalte, in der selbstverständlichen Annahme, dass seine Gesprächspartnerin weniger Kompetenzen in dem Bereich aufweist? (Stichwort Mansplaining)?

- Wenn Männer und Frauen ausspeichern/ Unwichtiges erzählen/ Nonsens reden: Wird Männern eher zugehört? Wird dies sogar goutiert? Und werden Frauen hierfür abgewertet?

- Sind bei Gesprächen über Männer und Frauen je nach Geschlecht andere Kategorien salient (z. B. Fachkompetenz, Sozialkompetenz, Zuverlässigkeit, Klarheit, Entscheidungsfreudigkeit)?

- Nehmen Männer mehr Redeanteil in Anspruch (z. B. bei einer Podiumsdiskussion im Rahmen eines Symposiums, in Kommissionssitzungen, bei mündlichen Ausführungen zu einem Gutachten, usw.)?

Beobachtung und Reflexion können der erste Schritt zum Erkennen der genannten Tiefenstrukturen des Denkens und Handelns sein – und insbesondere ein entsprechendes „neues" Gender-Denken kann zu guten Antworten auf die im oberen Teil genannten konkreten Fragen führen.

Das Thema Gender kann hier selbstverständlich nur kurz aufgegriffen werden. Es ist eine an Universitäten überaus wichtige Thematik mit der man sich als Professor*in von Anfang an beschäftigen sollte.

Arbeits- und Verhandlungsstrategien

17. Sitzungen – Strategien durchschauen und anwenden

Einen beachtlichen Teil seines Lebens verbringt man als Professor*in in Sitzungen. Man ist Mitglied von Berufungskommissionen, sitzt im Fachbereichsrat, im Senat, im Ausschuss für Forschungsförderung, im Ausschuss zur Optimierung der Struktur in den konsekutiven Studiengängen – und man ist Mitglied in verschiedenen Beiräten. Nun sind Sitzungen ja oft spannend – manchmal aber auch todlangweilig. Hier sollten wir uns unbedingt von unseren Übersee-Kolleg*innen etwas „abschauen": Dort sind die Sitzungen ebenso sachlich und ebenso hart in der Sache, aber größtenteils doch viel humorvoller. Wenn man schon einen großen Teil seines Lebens in Sitzungen verbringen muss, dann sollen sie auch mit einem Mindestmaß an Freude einhergehen. Humor und Selbstironie sollten in Sitzungen nicht zu kurz kommen. Und die meisten Kolleginnen und Kollegen werden dankbar für jegliche Auflockerung sein.

Viele Sitzungen sind brisant. Oft geht es um Ressourcenverteilungen – wenn jemand bei gleichen Grund-Ressourcen mehr haben will, geht es zwangsläufig auf Kosten anderer; oder wenn bei einer Reduzierung der Grund-Ressourcen der Status erhalten werden möchte, dann beginnen ebenso die Auseinandersetzungen. Und schließlich: Wenn der Grund-Ressourcen-Topf vergrößert wird, dann wird ausgehandelt, wer am meisten abbekommt.

Ressourcen-Diskussionen sind nur ein Beispiel für Interessenkonflikte, die häufig in Sitzungen auftreten. Nun gibt es sehr viele Strategien, die in Sitzungen zum Einsatz kommen. Es ist sehr wichtig, über ein möglichst breites eigenes Repertoire an Sitzungsstrategien zu verfügen, um diese entsprechend einsetzen zu können. Mindestens genauso wichtig ist es jedoch, die Strategien der anderen zu erkennen und evtl. zu antizipieren.

In der 1. Auflage dieses Buches hatte ich einige Beispiele für solche Strategien aufgeführt und bei ethisch bedenklichen Strategien auch erwähnt, dass man diese kennen, aber sicherlich nicht einsetzen sollte. Dennoch habe ich zahlreiche Rückmeldungen derart erhalten, dass es nicht angebracht sei, üble Strategien zu empfehlen. Hier ein Beispiel für eine solche Rückmeldung: „Einige der Sitzungsstrategien, die Du nennst, würde ich ethisch schon als äußerst bedenklich einstufen, auch wenn ich es legitim hielte, sie für einen guten Zweck einzusetzen. Sie zu kennen, ist allerdings allemal hilfreich. Aber deren Anwendung zu propagieren, finde ich moralisch gesehen nicht gut." Aufgrund dieser und anderer Rückmeldungen habe ich die Beispiel-Strategien nun explizit in zwei Gruppen eingeteilt.

Beispiele für durchaus anwendbare Strategien:

- *Win-Win-Situationen schaffen.* Das Schaffen von Win-Win-Situationen ist fair und in der Regel weiterführend. Meist funktioniert es nicht, nur nehmen zu wollen, ohne irgendetwas zu geben.

- *Break bei Eskalation.* Wenn Sitzungen eskalieren, dann ist oft ein Break wichtig. Erst mal ein paar Minuten Pause machen, bis sich die Gemüter beruhigen – physiologisch ausgedrückt: bis sich die Amygdala beruhigt.

- *Entscheidende Gespräche vor den Sitzungen.* Die wirklich entscheidenden Gespräche finden oft vor den Sitzungen statt – anhand von persönlichen Gesprächen, Telefonaten, E-Mails, SMS usw. Es ist zwar meist zeitaufwändig, Koalitionen zu bilden – aber es ist oft unerlässlich, wenn man auf einen Sitzungsbeschluss hinarbeitet.

- *Ablehnungen und Niederlagen vermeiden.* Wenn man von einer Mehrheit schon im Vorfeld weiß, dass sie einen unterstützt, dann kann man relativ beruhigt in die Sitzung gehen. Umgekehrt sollte man sehr vorsichtig sein, wenn sich abzeichnet, dass die Mehrheit andere Interessen vertritt. Wenn absehbar ist, dass hier auch nichts mehr zu ändern ist, dann kann Verbissenheit nur schaden – außer, man will noch einmal seine Argumente explizit erläutern, selbst wenn es am Beschluss nichts mehr ändern wird. Grundsätzlich sollte man Ablehnungen und Niederlagen bei Sitzungen vermeiden – d. h. es gar nicht so weit kommen lassen, wenn sie absehbar sind. Jeder offiziell abgelehnte Antrag bleibt im Gedächtnis und man hat es bei einem erneuten, selbst adaptierten, Antrag in der Regel schwerer, wenn Ähnliches schon einmal abgelehnt wurde. Hier noch ein Kommentar zu dieser Strategie aus einer Rückmeldung zur 1. Auflage: „Hier bin ich entgegengesetzter Meinung. Ich finde es extrem wichtig, dass Minderheitspositionen und nicht mehrheitsfähige Anträge (natürlich nicht exzessiv) öfters mal in Gremien hineingebracht werden und zur Abstimmung gestellt werden. Immerhin tauchen diese Positionen und dazugehörige Argumente dann auch in Protokollen auf. Und es wird protokolliert, dass gewisse Meinungen in der Universität einfach niedergebügelt werden. Das hat einen nicht zu unterschätzenden Wert. Die scheinbare Einstimmigkeit in den Gremien geht mir seit langer Zeit auf den Geist. Als Beispiel: An meiner Universität sollte ein gespieltes Berufungsverfahren gestartet werden, obwohl die Stelle bereits für die Partnerin eines Professors vorgesehen war. Studierende haben dazu eine Erklärung abgegeben, die im Senatsprotokoll auftauchte. Nur so bin ich überhaupt darauf gekommen, was hier gespielt wird".

- *Nicht-Leitung von Sitzungen nutzen.* Wenn man bei einer Sitzung bestimmte Interessen klar vertreten und auch durchsetzen möchte, dann ist es insbesondere für relativ unerfahrene Personen ungeschickt, die Sitzung zu leiten. Bei Berufungskommissionen haben beispielsweise die Kommissionsvorsitzenden häufig wenig Einfluss auf den Ausgang der Sitzung, da sie relativ neutral handeln müssen.

Beispiele für ethisch bedenkliche Strategien – man sollte sie kennen, aber nicht anwenden:

■ *Sich bedeckt halten.* Wenig bis nichts bis zum entscheidenden Punkt der Sitzung zu sagen, ist eine Strategie, die häufig zum Einsatz kommt. Durch sie bleiben Personen undurchschaubar und damit unberechenbar und unvorhersehbar. Die Unvorhersehbarkeit einer Person kann grundsätzlich dadurch erhöht werden, dass sie sehr unterschiedlich in Sitzungen handelt, d. h. kein eindeutiges Profil zu erkennen gibt. Je durchschaubarer jemand ist, desto eher können die anderen dies in ihren Argumentationen und Handlungen berücksichtigen. Aber ein solches Verhalten ist natürlich auf Dauer auch schädlich – man wirkt dann wie ein „Fähnchen im Wind" oder wie eine Person, die keine klare Linie fährt oder sich bewusst bedeckt hält.

■ *Zermürbend repetitiv sein.* Sehr viel reden und möglichst immer dasselbe sagen erachten so manche als strategisch sinnvoll. Wenn penetrant und trotz Gegenargumenten immer wieder einfach dasselbe gesagt wird, evtl. in leicht anderen Worten, dann wirkt das auf die anderen zermürbend, und irgendwann hat niemand mehr Kraft und Lust, etwas zu entgegnen. Penetranz setzt sich oft durch – vor allem zur Abendstunde, wenn alle eigentlich nach Hause möchten. Natürlich schaffen sich Personen, welche diese Strategie anwenden, auch einen gewissen Ruf, und sie sollten sich genau überlegen, ob sie das möchten – eine gute und wertschätzende Art, mit Kolleg*innen umzugehen, ist das sicherlich nicht, auch wenn die Strategie manchmal zum angestrebten Ziel führen kann. Aber es ist auf jeden Fall wichtig, diese Strategie zu erkennen.

■ *Ermüdung anderer nutzbar machen.* Vor allem der*die Leiter*in einer Sitzung kann diese sehr in die Länge ziehen und entscheidende Punkte noch zu später Stunde einbringen. Dann ist häufig die Kraft der meisten Kolleg*innen geschwunden, und sie haben ein relativ leichtes Spiel, eigene Interessen durchzusetzen. Auch das ist natürlich bezüglich der Wertschätzung der anderen problematisch. Aber auch diese Strategie sollte man unbedingt erkennen.

■ *Sich naiv stellen.* Manche stellen sich in Sitzungen naiv, um von den anderen unterschätzt zu werden. Und unterschätzt zu werden ist oft eine ausgezeichnete Position, weil man im entscheidenden Moment aus der scheinbaren Naivität „auftauchen" und dadurch unerwartete Wendungen bei Sitzungen initiieren kann. Natürlich sollten Personen, welche diese Strategie anwenden, dabei auch immer das Impression-Management im Auge haben. Grundsätzlich als Naivling zu gelten, geht mit nicht unerheblichen „Kollateralschäden" einher.

- *Informationsmacht nutzen.* Informationen sind Macht – viele Personen überlegen sich sehr genau, welche Informationen sie wann in Sitzungen einbringen. Bestimmte Informationen und bestimmtes Wissen nicht zu äußern, kann Entscheidungen maßgeblich beeinflussen.

- *Unsichtbare Kommunikation während der Sitzung.* Nicht selten wird während einer Sitzung zwischen einzelnen Teilnehmer*innen mehr oder weniger unsichtbar kommuniziert – manchmal wird auch mit nicht an der Sitzung Teilnehmenden kommuniziert (z. B. via SMS, WhatsApp, E-Mails, ...). Grundsätzlich geht man davon aus, dass bei Sitzungen jegliche Kommunikation sichtbar ist. Wenn z. B. unsichtbare Absprachen zwischen einzelnen Mitgliedern während der Sitzung stattfinden, ist das m. E. durchaus bedenklich.

- *Leitung von Sitzungen nutzen.* Insbesondere erfahrene Sitzungsleiter*innen können geschickt die Abläufe steuern und dadurch Einfluss auf das Geschehen und dessen Ausgang nehmen – z. B. durch eine geschickte Wahl der Reihenfolge der abzustimmenden Punkte. Man kann den Eindruck von Neutralität erwecken und doch durch scheinbare Kleinigkeiten sehr starken Einfluss auf die Resultate nehmen. Dies zu erkennen und derartige Mechanismen gegebenenfalls zu durchbrechen ist sehr wichtig.

In Kommissionen mitzuwirken bedeutet zunächst, dass man über aktuelle Entwicklungen informiert ist, seine Interessen einbringen und damit mitgestalten kann. Es geht aber immer auch mit einem Zeitaufwand einher, sodass man sehr genau Nutzen und Kosten abwägen muss. Selbstverständlich verlangt es die universitäre Selbstverwaltung, dass man in Gremien mitarbeitet. Es ist aber wie bei allem eine Frage des Ausmaßes. Und zu guter Letzt: Wie man in Sitzungen handelt, hängt oft auch von ethischen Prinzipien ab – beispielsweise, wenn es darum geht, wie kalkulierend man handelt. Das ist eine Frage, die jede*r für sich selbst klären muss. Meine persönliche Erfahrung ist, dass man mit ethisch vertretbaren Methoden durchaus sehr viel erreichen kann.

18. Zerstreuungen zerstreuen

Die Tätigkeiten von Professor*innen sind sehr vielfältig: forschen, lehren, akademische Selbstverwaltung mit ihren zahlreichen Facetten – und manchmal auch Strukturaufbau (s. 2. Teil dieses Buches). Klare zeitliche Strukturen können im Hinblick auf die Ermöglichung konzentrierten Arbeitens sehr hilfreich sein. Häufige Tätigkeitswechsel oder häufiges Multi-Tasking kann schnell zur Zerstreutheit führen. Hier ein paar Tipps aus eigener Erfahrung, die im Hinblick auf die Zerstreuung der Zerstreuung hilfreich sein könnten:

- *E-Mail-Programm aus!* E-Mails zu definierten Zeiten abrufen – das ständige „Eintrudeln" von E-Mails (häufig durch visuelle und/oder auditive Signale angezeigt – unbedingt abschalten, wenn man nicht etwas höchst Wichtiges erwartet) reißt uns ständig aus der konzentrierten Arbeit, und wir sind versucht, sofort auf die E-Mails zu antworten. Eine Möglichkeit wäre, die Mails am Morgen und am Nachmittag jeweils zu lesen und sehr dringliche dann evtl. auch direkt zu beantworten. Zudem kann man sich feste Zeiten einplanen, in welchen man E-Mails beantwortet. Außerhalb dieser festen „Zeitfenster" lässt man das E-Mail-Programm lieber abgeschaltet.

- *Skype aus!* Skype ist toll – aber nicht, wenn es (vergleichbar mit dem E-Mail-Programm) ständig aktiviert ist. Auch zum „Skypen" sollten Termine vereinbart werden. Dasselbe gilt selbstverständlich für ähnliche Kommunikationsformen (z. B. Viber, WhatsApp, …).

- *Telefon aus!* Ans Telefon sollte man nur dann gehen, wenn man gerade keine komplexen Dinge erledigt. Sicherlich kann es zu Kommunikationsproblemen führen, wenn niemand mehr ans Telefon geht. Aber dann kann man immer noch auf E-Mails oder andere Kommunikationsmittel ausweichen. Auf jeden Fall sollte man sich von der Omnipräsenz des Telefons lösen. Allein schon das Klingeln des Telefons und die Anzeige der Rufnummer können Neugierde (oder Hoffnungen, oder Sorgen) wecken – alles Dinge, die einen aus dem konzentrierten Arbeitsprozess reißen. Falls dies störend ist, kann man das Telefon während konzentrierter Arbeitszeiten abschalten. Das Telefon auf das Sekretariat weiterzuleiten ist auch möglich – allerdings stellt sich die Frage, ob dies sinnvoll ist. Bei Fragen, die sich direkt an das Sekretariat richten, wird ohnehin dieses kontaktiert, bei allen anderen Fragen kann dort in der Regel nur das Thema aufgenommen werden, was meist wenig nützt. Zudem stören solche evtl. unnötigen Weiterleitungen selbstverständlich auch das konzentrierte Arbeiten im Sekretariat.

- *Tür zu!* Offene Türen kann man sich kaum leisten. Es wird häufig als Offenheit hingestellt, wenn Professor*innen mit offenen Türen arbeiten. Ich erachte es eher als problematisch, weil man nicht die erwartete sehr hohe Leistung bringen kann, wenn man bei offener Tür permanent gegrüßt oder angesprochen wird. Allerdings gibt es bezüglich der offenen Türen sicher auch Fächertraditionen – den Disziplinen der offenen Türen sollte auf keinen Fall weniger konzentriertes Arbeiten unterstellt werden.

- *Keine offenen Sprechstunden!* Obligatorische Anmeldung zu Sprechstunden: Manchmal kommen nur wenige Personen zur Sprechstunde. Man kann aber in „Sprechstundenlücken" nicht wirklich konzentriert arbeiten, da es ja prinzipiell jederzeit wieder klopfen könnte. Eine Lösung besteht darin, dass sich Personen zur Sprechstunde grundsätzlich im Sekretariat anmelden müssen und dort die Zeiten so koordiniert werden, dass keine Lücken entstehen. Das Gleiche gilt für

Sprechstunden-Telefonate. Auch diese sollten angemeldet werden. So wird sich die Sprechstunde häufig verkürzen. Schwierig könnte es für das Sekretariat sein, die Länge der jeweiligen Termine einzuschätzen. Aber das kann man meist gut vorab definieren (z. B. 15 Minuten für eine Erstanfrage zur Betreuung einer Masterarbeit, ...). Ansonsten kann das Sekretariat ja noch mal mit einem Rücksprache halten, wie viel Zeit für den Termin angesetzt werden soll. Die Termine vom Sekretariat koordinieren zu lassen, ist eine große zeitliche Erleichterung – alles andere ist mit sehr viel Zeitaufwand und vielen Termin-E-Mails verbunden.

- *Jours Fixes vermeiden!* Grundsätzlich sollte man sich vor zu vielen Jours Fixes hüten – im Nu besteht die ganze Woche nur noch aus der Hetze von einem Jour Fixe zum nächsten (und: Leute, die ständig Jours Fixes vorschlagen, haben meist nicht viel zu tun und ziehen die Treffen dann oft unnötig in die Länge – d. h.: Vorsicht vor den Jours-Fixes-Fans; sie sind potenzielle Zeitdiebe). Aber für kurze Gespräche mit Mitarbeiter*innen eignet sich der Jour Fixe sehr gut. Beispielsweise kann man wöchentlich 15–30 Minuten einplanen, in denen aktuelle und dringende Dinge mit allen Mitgliedern (oder einem Teil der Mitglieder) der Arbeitsgruppe besprochen werden. Das ist sicherlich effektiver, als wenn die Mitglieder der Arbeitsgruppe jeweils einzeln an einen herantreten. Sicher kann bei einem solchen Jour Fixe nicht tief eingestiegen werden – das sollte ja in diesem Rahmen auch nicht passieren. Es geht vor allem um „Kleinigkeiten", die abgehandelt werden müssen (z. B. Urlaubsplanung, Unterschriften, organisatorische Dinge).

- *Feste Zeitfenster für Mitarbeiter*innen!* Feste Termine für Gespräche mit Mitarbeiter*innen einplanen. Man kann z. B. jede Woche ein Zeitfenster von 90 Minuten für Gespräche mit Mitarbeiter*innen einplanen, bei denen etwa über den Stand der Promotionen und das diesbezügliche weitere Vorgehen gesprochen wird. Solche definierten Time-Slots sind für beide Seiten hilfreich und ersparen permanente Terminfindungsprobleme. Aber auch diese Time-Slots sollten vom Sekretariat koordiniert und gebündelt werden, sodass bei geringem Gesprächsbedarf dieser Termin nicht jede Woche stattfinden muss.

- *Bündelung von Besprechungspunkten mit dem Sekretariat!* Was den Austausch mit dem Sekretariat anbelangt, so ist es auch hier günstig, die Dinge zu bündeln und sich nicht wegen jeder Kleinigkeit zu treffen. Man kann einen Jour Fixe definieren oder kurzfristig ein Treffen ein oder zwei Mal die Woche organisieren. Flexible Treffen sind zu bevorzugen – wegen der Jour-Fixe-Falle.

- *Zeiten für ungestörtes individuelles Arbeiten festlegen.* Insbesondere für Publikationstätigkeiten ist es wichtig, dass es feste Zeiten gibt, zu welchen man ungestört arbeiten kann. Eine einfache Möglichkeit besteht z. B. darin, dass an der Arbeitsgruppe vereinbart wird, die Vormittage (z. B. zwischen 8 und 12 Uhr) ausschließlich für individuelle Arbeitszeiten zu nutzen, an welchen nicht erwartet wird, dass man ans Telefon geht oder E-Mails liest oder gar beantwortet und zu welchen auch keine Sitzungen stattfinden. Sitzungen und Lehrveranstaltungen können z. B. alle auf den Nachmittag gelegt werden (oder umgekehrt). Dies bedeutet keine Prioritätensetzung, sondern eine klare Trennung von individuellen Arbeitszeiten und Zeiten der Kommunikation. Zeitfenster, in denen man weiß, dass man andere nicht beim individuellen Arbeiten stören darf und zu welchen man auch von anderen nicht gestört wird, sind für produktives Arbeiten von unschätzbarem Wert.

19. @E-Mail-Flut@

E-Mails sind wichtig für die Kommunikation – aber manchmal auch wirklich nervig und überaus anstrengend. Man verwendet meist sehr viel Zeit mit deren Beantwortung. Hier ein paar möglicherweise hilfreiche Tipps zum effektiven Umgang mit E-Mails:

- *Nicht sofort antworten!* Nur bei sehr dringlichen und wichtigen E-Mails sofort antworten. Ansonsten ist es empfehlenswert, nicht sofort zu reagieren, um die Kommunikationsfrequenz möglichst niedrig zu halten. Je schneller man reagiert, desto mehr E-Mails bekommt man. Bei unwichtigen Sachen sollte man sich viel Zeit lassen. Viele Dinge erledigen sich im Laufe der Zeit von selbst. Dies kann natürlich etwas unfair und egoistisch sein, sodass man von Fall zu Fall entscheiden muss, wie lange man wartet. Aber sicher ist, dass damit die E-Mail-Flut etwas gebannt wird.

- *Gar nicht antworten!* Man muss nicht auf alle E-Mails reagieren. Bei manchen Anfragen erkennt man schnell, dass es sich um „Massen-E-Mails" handelt – etwa bei Anfragen zur Betreuung von Dissertationen, wenn diese keinerlei Bezug zur Arbeitsgruppe haben. Solche E-Mails sollte man sofort und ohne schlechtes Gewissen löschen. Auch auf unangemessene E-Mails muss man nicht reagieren – z. B., wenn Mitarbeiter*innen einen Artikel als PDF-Dokument haben möchten, der ohnehin in der Datenbank zu finden ist. Nicht zu reagieren, ist hier auch eine Aussage – und wenn noch mal angefragt wird, kann man thematisieren, dass man solche Dinge nicht machen kann, die dem anderen zwar etwas Zeit ersparen, aber einem selbst Zeit rauben. Dasselbe gilt für die häufigen Anfragen zu einer Empfehlung von zentralen Referenzen zu einem Thema im Rahmen des Verfassens eine Qualifikationsarbeit. Eine entsprechende Recherche ist ein wichtiger Teil solcher Arbeiten.

- *Delegieren.* E-Mails, die sich auf Terminanfragen beziehen, möglichst direkt an das Sekretariat weiterleiten und über das Sekretariat einen Termin vereinbaren lassen – das spart unnötigen E-Mail-Verkehr. Mails die organisatorische Fragen beinhalten, die auch z. B. Hilfskräfte oder der*die Sekretär*in beantworten können, am besten direkt weiterleiten.

- *Kurze Mails schreiben!* E-Mails sollten stets höflich, aber auch möglichst kurz und bündig sein. Wer liest denn schon gerne lange E-Mails? Und wenn man lange Mails schreibt, bekommt man häufig auch lange E-Mails zurück. Und wenn man lange Mails lange beantwortet, kommt die nächste lange.

- *Out-of-office-reply nutzen!* Wenn man bei Kongressen oder im Urlaub oder sonst einfach unterwegs ist, ist eine automatische „Out-of-office-Benachrichtigung" sehr gut, denn man erhält dann weniger E-Mails – viele schreiben nach einem erhaltenen Auto-Reply zunächst nicht mehr. Gut ist es, den Termin, an dem man wieder anwesend ist, im Auto-Reply etwas nach hinten zu schieben. Das ist ein wenig geschummelt – aber hilfreich, da man dadurch ein paar E-Mails weniger bekommt. Das schiebt manches evtl. nur nach hinten – einiges erledigt sich aber im Laufe der Zeit auch von selbst.

- *Notfall: Mails geringer Priorität löschen!* Wenn gar nichts mehr geht und sich (was man tunlichst vermeiden sollte) ein Berg von E-Mails angestaut hat, dann hilft nur noch eines: alle E-Mails, die nicht Priorität 1 haben, einfach löschen. Bei wichtigen Sachen melden sich die Leute noch mal, und wie gesagt, vieles erledigt sich von selbst. Aber das sollte wirklich nur in Ausnahmefällen passieren, da es sicherlich etwas unfair ist und überheblich wirken kann (und evtl. auch ist).

20. EDV – nicht zu unterschätzen

An der Arbeitsgruppe bezüglich der EDV gute Strukturen zu schaffen, kann die Arbeit ungemein erleichtern. Hier ein paar Punkte, die dazu anregen sollten, sich Gedanken über die EDV-Strukturen in der eigenen Arbeitsgruppe zu machen.

- *Gute Geräte kaufen.* Gute (d. h. auf keinen Fall veraltete) Rechner und vor allem gute und große Monitore sollten Standard sein.

- *Zentraler Speicherplatz.* Ein zentraler Speicherplatz für die AG ist sehr hilfreich. Auf diesem kann z. B. eine Literaturdatenbank aufgebaut werden; auch gemeinsame Dokumente können darauf gelagert werden, auf die alle zugreifen und die alle verändern können (z. B. TOP-Listen für Sitzungen, ein Excel-Dokument, in welchem die Abwesenheiten/Urlaube eingetragen sind, ...) und gemeinsam nutzbare Software kann dort zur Verfügung gestellt werden, wie z. B. spezielle Statistikpakete. In der 1. Ausgabe des Buches hatte ich noch empfohlen, einen eigenen Server für die AG zu kaufen – hierzu ein m. E. sehr richtiger Kommentar eines Kollegen: „Nur weil man einen Bereich möchte, auf den man gemeinsam zugreifen kann, braucht man ja noch keinen Server kaufen. Das Rechenzentrum bietet zum Beispiel geeignete Dienste an. Einen eigenen Server zu betreiben, handelt nur Ärger ein. Ausnahmen sind natürlich Gruppen, die sehr rechenintensive Anwendungen haben, etwa in der Numerik oder der Physik".

- *Externen Zugriff ermöglichen.* Ein externer Zugriff auf die einzelnen Rechner (in Kombination mit der Möglichkeit, diese extern starten zu können) und auf den gemeinsamen Speicherplatz ist sehr hilfreich – z. B., wenn man im Home-Office oder unterwegs ist und auf bestimmte Dateien zugreifen möchte.

- *Cloud-Lösungen.* Noch besser als externe Zugriffe sind sicherlich Cloud-Lösungen – Clouds, auf welche man von jedem beliebigen Rechner und auch von Smartphones, Tablets usw. zugreifen kann.

- *Gemeinsamen Kalender anlegen.* Eventuell kann man einen gemeinsamen Kalender anlegen, in welchem potenzielle Zeitfenster für Sitzungen eingetragen sind. Bei der Verwendung von Outlook oder auch anderen Programmen ist dies sehr einfach möglich.

- *EDV-Beauftragte*n ernennen.* Jemanden zu haben, der die EDV betreut und bei anfallenden Problemen auch sehr schnell helfen kann, ist unabdinglich. Falls die Universität keine solchen Personen beschäftigt, dann sollte man dies unbedingt für die eigene AG realisieren – evtl. in Kooperation mit anderen Arbeitsgruppen (z. B. eine EDV-Hilfskraft, die für mehrere AGs zuständig ist).

- *Datensicherung – selbstverständlich.* Die automatisierte und professionelle Datensicherung ist ebenfalls unabdingbar. Durch Datenverlust kann ein riesiger Schaden entstehen. Manche AGs gehen z. T. sehr unbekümmert mit diesem Thema um – aber immer wieder hört man von Fällen, in denen wichtige und nicht rekonstruierbare Daten verloren gegangen sind.

- *Optimierung durch externe Expert*innen.* Es ist sicherlich sinnvoll, EDV-Expert*innen (universitätsintern oder auch extern) zu kontaktieren, die Optimierungsvorschläge für die EDV an der Arbeitsgruppe machen. Die meisten AGs stoßen bezüglich der eigenen EDV-Kenntnisse sehr oft an ihre Kompetenzgrenzen und wichtig ist es, sich hier professionell beraten zu lassen. Hierbei ist zu beachten, dass man häufig ein ohnehin gut funktionierendes System über Jahre hinweg unverändert nutzt, obwohl es mittlerweile bereits deutlich effektivere Systeme gäbe. Insbesondere bei den schnellen Veränderungen in der EDV ist es wichtig, hier regelmäßig Optimierungen anzustoßen.

21. Überforderungen vorbeugen

Eine Doktorandin, die in zwei Jahren fünf Artikel geschrieben hat, verließ nach der Promotion die Uni mit folgender Begründung: „Das ist mir hier zu stressig". Es gibt sicher immer wieder überaus anstrengende Zeiten – Deadlines liegen beieinander, kurzfristig muss etwas fertiggestellt werden usw. Und gerade in Qualifikationsphasen fühlt man sich ohnehin häufig permanent unter Druck, möglichst produktiv und qualitativ auf höchstem Niveau zu arbeiten. Aber trotz dieser Gegebenheiten kann und sollte man in der Regel die Arbeitszeiten gut planen und einteilen – und Monitoring sollte man bezüglich der Arbeitszeiten ohnehin stets betreiben. Niemand hat etwas davon, wenn man sich in der Arbeit völlig verausgabt und bisweilen sogar krank wird. Und diesbezüglich sollte man auch die Mitarbeiter*innen im Auge haben und es gegebenenfalls thematisieren, wenn man den Eindruck hat, dass jemand zu viel arbeitet.

Dies mag eigenartig klingen, da es ja prinzipiell für eine Arbeitsgruppe gut ist, wenn viel gearbeitet wird. Aber im Hinblick auf die Gesundheit der Mitarbeiter*innen, deren Wohlbefinden, Commitment und die langfristige Zusammenarbeit ist es schädlich, wenn ein bestimmtes Level an Arbeit überschritten wird. Man kann dies durchaus thematisieren, und als Arbeitsgruppenleiter*in hat man m. E. sogar die Verpflichtung, solche Dinge anzusprechen. Wenn Mitarbeiter*innen zu viel arbeiten, fühlen sie sich über die Belastung hinaus zudem oft ausgenutzt und das sollte tunlichst vermieden werden. Für Mitarbeiter*innen ist es eine Herausforderung, mit ihren zeitlichen Ressourcen adäquat umzugehen – und es ist angebracht, sie hierbei auch zu unterstützen. Nur wenn sie selbst über ein gutes Zeitmanagement verfügen, können sie später als Arbeitsgruppenleiter*innen dieses Know-How weitergeben.

Eines sei noch erwähnt: Ein Kollege sagte mir mal: „Seien wir doch mal ehrlich. Wer heutzutage wirklich etwas leistet, der hat doch ein Klingeln im Ohr". Psychosomatische Beschwerden aufgrund von Stress sind häufig auftretende und leider oft auch akzeptierte Phänomene. Das ist mehr als bedenklich. Anders ausgedrückt: Man muss sich nicht schämen, wenn man keinen Tinnitus hat. Und man ist sicherlich nicht automatisch faul, wenn man keine psychosomatischen Beschwerden hat. Tinnitus für das Impression Management einzusetzen hat an sich schon etwas Krankhaftes.

Noch ein paar Sätze zur eigenen Gesundheit: Als Professor*in hat man unglaublich viele Freiheiten – auch im Hinblick auf das Ausmaß an Arbeitszeit. Man kann theoretisch nur ca. 15 Stunden pro Woche in der Vorlesungszeit und deutlich weniger in der vorlesungsfreien Zeit arbeiten. Nach oben gibt es nur die „natürliche" Grenze von 168 Arbeitsstunden pro Woche, wobei kaum jemand mehr als 84 Stunden die Woche arbeiten kann. Das heißt die mögliche Arbeitszeit bewegt sich zwischen ca. 12 und 84 Stunden pro Woche. Erfahrungsgemäß arbeiten Professor*innen (mit sehr wenigen Ausnahmen) eher relativ weit oben in diesem Range und viele laufen Gefahr, krank zu werden (psychische, physische und psychosomatische Beschwerden; z. B. Erschöpfungsdepressionen, chronische Rückenschmerzen,

Schlafstörungen, Tinnitus, Neurodermitis, ...). Es ist wichtig, regelmäßig sein Arbeitspensum zu reflektieren und sich bei Überforderung die „Warum-Frage" vor dem Hintergrund eines Ressourcenkonzeptes zu stellen: Wie viel Lebenszeit will man warum und wann in berufliche Tätigkeiten investieren? Problematisch ist beispielsweise ein überhöhtes Arbeitspensum in Folge des Bestrebens, seinen Selbstwert durch berufliche Anerkennung aufrechtzuerhalten bzw. zu erhöhen. Dies wäre ein endloses und auch wenig erfolgversprechendes Unterfangen, da sich der eigentliche Wert eines Menschen nicht auf Leistung gründet und man sich letztlich nie wirklich wertvoll finden kann, wenn man nicht unabhängig von den erbrachten Leistungen zu der Überzeugung gelangt, als Mensch per se wertvoll zu sein. Zudem birgt das Streben nach Wert durch Leistungserbringung stets die Gefahr, anderen dieses (falsche) Prinzip (z. B. indirekt) zu vermitteln und ihnen das Gefühl zu geben, sie seien als Menschen nichts wert, wenn sie nicht bestimmte Leistungen erbringen. Im Hinblick auf die Gesundheit sollte der „berufliche Wert" auf jeden Fall vom Selbstwert getrennt betrachtet werden. Dies ist eine uralte Weisheit, die in vielen Religionen und philosophischen Ausrichtungen thematisiert wird. Sie klingt sehr einfach – es kann jedoch sehr schwierig sein, diese Idee „zu verinnerlichen". Sein Arbeitspensum regelmäßig zu reflektieren, kann davor schützen, dass man gesundheitlichen Schaden nimmt. Und Gesundheit ist zweifelsohne etwas vom Wichtigsten, wenn nicht überhaupt das Wichtigste im Leben – das hat bereits Seneca betont. Und in der Bibel findet man folgenden Satz, der zu diesem Thema passt: *„Was nützt es einem Menschen, wenn er die ganze Welt gewinnt, dabei aber sich selbst verliert und Schaden nimmt?"* (Lukas, 9, 25; und ähnliche Aussagen gibt es in vielen Religionen – oder bei Weisheitslehrern und Personen mit „gesundem Menschenverstand"). Erwähnt sei auch noch, dass bei einer starken Kopplung des Selbstwerts an die Arbeitsleistung die Pensionierung zu einem wirklichen Problem werden kann.

Ein großer beruflicher Stressfaktor, der oft unterschätzt wird, ist das Pendeln. Viele denken, im Zug – oder sogar im Flugzeug – kann man gut arbeiten. Ja, man ist „zwischen den Welten", hat Abstand und kann in der Tat evtl. ganz gut und auch kreativ arbeiten. Aber Pendeln ist immer auch mit Stress verbunden: man muss die Pendelei planen (Uhrzeit, was arbeitet man im Zug, was muss man mitnehmen), Fahrten/Flüge sind körperlich auf Dauer anstrengend (z. B. überhitzte und überfüllte ICEs), man fühlt sich nirgends wirklich „daheim" und ist meist nirgends wirklich gut sozial integriert. Viele, die pendeln, werden im Laufe der Zeit mobilitätsmüde: Wenn man ohnehin jede Woche 10 Stunden im Zug sitzt, dann will man nicht auch noch zu einem Kongress fahren oder am Wochenende einen Ausflug machen. Das heißt: Pendelzeit und Pendelfrequenz zu reduzieren ist auf lange Sicht gesehen sehr wichtig.

22. "Quitting can be good for you" I – Generelles zum Beenden

„Quitting can be good for you" – so lautete die Überschrift eines sehr prominenten, 2007 in der *New York Times* erschienenen Artikels, der Bezug zu Forschungsergebnissen zu den Themen Engagement, Disengagement und Reengagement nahm. Auch in Folge gab es jenseits der diesbezüglichen Forschung immer wieder auch entsprechende Artikel in der Presse (z. B. BBC Worklife, 2017: „Why you sometimes have to quit to win"). Als Professor*in sollte man den Mut haben, Dinge auch wieder aufzugeben *(Disengagement)* und sich in einzelnen Bereichen neu zu orientieren *(Reengagement)*, wenn man merkt, dass es nicht so läuft, wie man es sich eigentlich vorgestellt hatte. Manchmal ist man versucht, einfach weiterzumachen, weil man bereits viel investiert hat (vgl. „sunk costs"). Dies ist aber häufig nicht sinnvoll. Hier ein paar Beispiele, für die „quitting can be good for you" gelten kann:

■ *Kooperationen beenden.* Jede Kooperation muss sich entwickeln und sollte regelmäßig bewertet werden. Bevor sich unproduktive Kooperationen über Jahre mit viel Arbeitsaufwand hinschleppen, ist es deutlich besser, diese zu beenden.

■ *Austreten.* Dasselbe gilt für die Mitgliedschaft in Gremien, Kommissionen und Vereinigungen – es ist häufig eine Ehre, „berufen" zu werden. Gerade als „Anfänger*in" fühlt man sich geschmeichelt. Auch hier muss man hin und wieder ein Ende wagen.

■ *Kündigen.* Manchmal gilt dies auch für Mitarbeiter*innen. Wenn man merkt, dass gravierende Probleme auftreten, dann sollte man auch hier den Quitting-Aspekt im Auge haben. Man tut häufig auch anderen keinen Gefallen damit, sie auf Biegen und Brechen weiter zu beschäftigen, wenn vieles dauerhaft schiefläuft.

Quitting geht häufig mit Schäden einher – z. B. Verletzungen, Ärger, Enttäuschungen, Misstrauen in zukünftige Zusammenarbeit und das Gefühl von Unfairness (wenn etwa andere dadurch mehr Arbeit haben – bei Gremien muss beispielsweise ein Ersatz gefunden werden). Diese Schäden müssen selbstverständlich gegenüber dem Quitting-Gewinn in die Waagschale geworfen werden. Aber grundsätzlich sollte man sich doch darüber im Klaren sein, dass man durchaus das Recht auf Quitting in manchen Bereichen hat und es evtl. auch für die anderen manchmal langfristig die beste Lösung ist, auch wenn es in der akuten Situation nicht so gesehen wird.

23. Das Lenkrad ausreißen

Manchmal ist die Strategie des Lenkrad-Ausreißens an Universitäten anzutreffen: Zwei Personen „fahren aufeinander zu" (z. B. bei einer Sitzung), eine muss ausweichen, damit es zu keinem Zusammenstoß kommt. Nun „reißt eine Person das Lenkrad aus" und macht sich damit handlungsunfähig – aber dadurch, und das ist das Wichtigste, eindeutig und berechenbar. Die andere Person realisiert das und muss und wird ausweichen. Jene Person, die das Lenkrad ausgerissen hat, kann ihren geraden Weg ungestört weiterfahren – alle anderen weichen aus. Später kann sie das Lenkrad wieder anbringen und ihren geraden Weg fortsetzen oder ihn auch ändern. Ein anderes Bild für dieses Vorgehen ist, beim Gehen auf den Boden zu starren (auch dadurch wird man handlungsunfähig, d. h. unfähig zum Ausweichen) – die anderen sehen, dass die auf den Boden starrende Person sie nicht sieht – und sie weichen aus. Jene Person, die auf den Boden starrt, kann bequem ihren geraden Weg gehen, ohne ausweichen zu müssen. Ähnlich verhält es sich mit Menschen, die beim Gehen permanent auf das Smartphone blicken. Das Lenkrad kann man z. B. ausreißen, indem man sagt: „Ich würde ja gerne, aber es geht beim besten Willen nicht. Die Kasse ist leer und ich bin kein Zauberer". Man kann es auch durch Delegation ausreißen: Man beauftragt eine Person und gibt ihr aber nur eine sehr spezifische Handlungsoption bzw. sehr eingeschränkte Handlungsoptionen – die Person kann dann immer sagen, sie habe leider „von oben" keinen Handlungsspielraum. Sicher ist es in der Regel unfair, sein Lenkrad auszureißen, aber es kann auch Klarheit schaffen – und Kommunikation scheitert oft an Unklarheit. Im Uni-Kontext gibt es folgende Beispiele für das Ausreißen des Lenkrades:

- *Delegieren und dadurch Handlungsoptionen reduzieren.* Man delegiert mit spezifischen Handlungsauflagen für jene Person, die nun zuständig ist (wie bereits gesagt).

- *Sagen: ist von oben nun mal so vorgegeben.* Man behauptet, man könne das nur auf diese eine Art und Weise entscheiden, weil das von oben so vorgegeben sei (d. h., sich in die Rolle des Delegierten bringen).

- *Sich auf unabänderliche Prinzipien berufen.* Man behauptet, man könne beim besten Willen nicht gegen seine innersten Prinzipien handeln.

- *Einfach null Handlungsspielraum.* Man kann einfach behaupten, hier gäbe es keinen Handlungsspielraum (begründet oder unbegründet).

Auf jeden Fall ist es wichtig, die Strategie des Lenkrad-Ausreißens zu kennen, um adäquat auf sie reagieren zu können – z. B., indem man thematisiert, dass eine solche „Handlungsunfähigkeit" gar nicht gegeben ist, das Lenkrad also immer noch funktioniert. Sicherlich kann man diese Strategie auch selbst einsetzen, wenn man denkt, sie sei angebracht und ethisch vertretbar (z. B., wenn die Handlungsoptionen zu vielfältig sind und sich die Dinge im Kreis drehen) – häufig wird diese Strategie von anderen nicht durchschaut.

Und hier noch ein Kommentar zur 1. Auflage dieses Buches: „Das „Lenkrad ausreißen" wird extrem oft angewandt, zum Beispiel in der Hochschulpolitik. Beispiel: Rektor im Unirat, als ich sagte, wir sollen uns vom 180-Credits-Dogma beim Bachelor im Lehramt bei heterogener Fächerkombination verabschieden. Wird auch in der Politik angewandt, vor allem in der Bildungspolitik. "Alternativlos" ist ein Wort, das mir da einfällt".

24. Vorbereitet sein, wenn man den vertrauten Kontext verlässt

Als Professor*in hat man in der Regel eine sehr lange Uni-Sozialisation hinter sich. Man kennt diese Welt dann sehr gut und findet sich meist recht gut in ihr zurecht. Zum Beispiel kann man sich auf Situationen wie Sitzungen und Prüfungen gut einstellen und weiß, was auf einen zukommt. Nun verlässt man aber auch hin und wieder diesen vertrauten Kontext, z. B., wenn man zu Vorträgen in einem Nicht-Uni-Kontext oder als Experte*Expertin in einem anderen Kontext eingeladen wird (z. B. Wirtschaft, Politik, Schulen, Vereine). Hier begibt man sich in mehr oder weniger unbekanntes Terrain, und die Erwartungen an Professor*innen sind in der Regel sehr hoch – ein suboptimaler Auftritt kann hier schnell schädlich für das Renommee und auch das Renommee der Universität sein. Es ist daher sehr wichtig, sich auf Aktivitäten außerhalb des eigenen, vertrauten Kontexts besonders vorzubereiten. Hier ein paar Anregungen:

■ *Infos einholen.* Man sollte möglichst viele Informationen über die dort anwesenden Personen, deren Interessen, Vorwissen und Bildung einholen. Zudem kann man Informationen einholen, wie ähnliche Veranstaltungen bisher verlaufen sind (Stimmung, Umgangston, Fairness, Ausmaß an Konstruktivität, …). Eine weitere wichtige Information im Vorfeld sind gegebenenfalls Einladungsschreiben – diese kann man anfordern und sie sich ansehen (hier sind z. T. Erwartungen formuliert; man sieht, ob die anwesenden Personen freiwillig gekommen sind oder kommen mussten – was für die Stimmung und Erwartungen wichtig sein kann).

■ *Probleme antizipieren.* Es ist immer klug, potenzielle Probleme zu antizipieren und sich entsprechende Lösungen zu überlegen (z. B. starkes Polarisieren von anwesenden Personen, persönliche Angriffe, …).

■ *Erwartungen abklären.* Es ist immer gut, im Vorfeld zu klären, welche Erwartungen genau an einen gestellt werden – unterschiedliche Erwartungen sind häufig eine Ursache größerer Missverständnisse und misslungener Veranstaltungen.

Den Uni-Kontext manchmal zu verlassen, ist sicher spannend, und man lernt viel Neues. Man begibt sich gleichzeitig ein Stück weit immer auch aufs Glatteis – aber man kann einiges tun, um Stürze und evtl. sogar Schrammen zu vermeiden.

25. Präsenz bei offiziellen Anlässen

Sehr häufig gibt es mehr oder weniger offizielle Anlässe an Universitäten, wie beispielsweise den *Dies academicus,* den Uni-Ball, Semesterempfänge des Fachbereichs, kleine festliche Zusammenkünfte im Rahmen von Preisverleihungen, Weihnachtsfeiern usw. Obwohl es immer mit Zeitaufwand verbunden ist, solche Veranstaltungen zu besuchen, sind sie für das Standing und das Netzwerk von hoher Bedeutung. Das heißt, es ist sicherlich gut, zumindest zu ausgewählten Veranstaltungen zu gehen. Man verdeutlicht durch die Präsenz Commitment, man kommt mit Kolleg*innen ins Gespräch, mit denen man im Alltag evtl. weniger zu tun hat – man wird wahrgenommen und nimmt andere wahr. Jenseits strategischer Gründe ist der Besuch solcher Veranstaltungen häufig auch interessant und/oder lustig – natürlich nicht immer (manchmal wirklich todlangweilig, oder man wird fast wütend, weil man Zeit verstreichen lässt, die man dringend für die Arbeit benötigen würde). Als Arbeitsgruppenleiter*in vertritt man bei solchen Anlässen häufig auch die gesamte Arbeitsgruppe, sodass die Präsenz auch für die Gruppe hilfreich ist. Für die Außendarstellung der Arbeitsgruppe ist es gut, wenn – falls angebracht – auch Mitarbeiter*innen mitkommen (evtl. auch der*die Sekretär*in – je nach Anlass). Sie lernen dadurch auch, solche Veranstaltungen als wichtig einzustufen. Oft ist die Präsenz bei Veranstaltungen auch schlicht Höflichkeit oder Ausdruck von Anerkennung – z. B., wenn einem*einer Kollegen*Kollegin ein Preis verliehen wird. Bei Anlässen, die für die Außendarstellung der Universität wichtig sind, unterstützt man die Universitätsleitung – beispielsweise ist es ein schönes Zeichen, wenn beim Dies academicus viele Professor*innen anwesend sind (dann sind z. B. die Vertreter*innen aus Politik und Wirtschaft beeindruckt). Das rückt die Universität nach außen in ein gutes Licht – und das ist der Universitätsleitung wichtig.

Insgesamt sind offizielle Veranstaltungen sicher wichtig und ernst zu nehmen – obwohl ihnen häufig ein geringer Stellenwert zugeordnet wird. Ein (scheinbar) guter Trick, um Zeit zu sparen, besteht darin, nur teilweise bei Veranstaltungen zu sein. Manche kommen (unauffällig) kurz vor Pausen und/oder gehen (ebenso unauffällig) nach der Pause. Während der Pausen kommt man ins Gespräch, und man wird wahrgenommen. Und bei einem solchen Vorgehen fällt am wenigsten auf, dass man nur teilweise da war. Das funktioniert natürlich nur dann, wenn nur ein kleiner Teil so handelt, und es kann auch sehr peinlich sein, wenn es auffällt. Und es ist natürlich kein wertschätzendes Verhalten – eine Notlösung, wenn man sich blicken lassen möchte, eigentlich aber überhaupt keine Zeit hat. Was auch oft

gemacht wird: Man kommt sehr spät (evtl. sogar ein wenig zu spät) zu einer Veran-
staltung und betritt den Raum auf eine Art und Weise, sodass man von allen gesehen wird. So sehen alle, dass man da ist – aber wenn man das öfter macht, dann ist
es sicher schädlich, weil so eine Strategie natürlich durchschaut wird.

26. Der Umgang mit dem Verwaltungsapparat

Manche Professor*innen gehen eher herablassend mit den Mitarbeiter*innen des
Verwaltungsapparates um. Dabei sind es jene Personen, die den Laden durch viel
und in der Regel hoch professionelle Arbeit „im Hintergrund" am Laufen halten. Ein
höflicher und wertschätzender Ton sollte selbstverständlich sein. Der Nebeneffekt
ist, dass für einen viele Dinge auch schneller erledigt werden. Hin und wieder ein
Lob und wertschätzende Worte oder auch ein kleiner Scherz beim Umgang mit Personen aus dem Verwaltungsapparat können Wunder wirken. An Universitäten arbeitet man unter Umständen viele Jahre zusammen, und man möchte ja schließlich
auch Freude an der Arbeit haben – und auch wenn es kein zentraler Aspekt ist, so
tragen doch kleine, wertschätzende Begegnungen mit allen an der Universität täti-
gen Personen zu einem guten Arbeitsklima bei.

27. Die 10 Gebote des Zugfahrens

Zugfahrten sind im beruflichen Kontext eine große Herausforderung – als Profes-
sor*in hockt man in der Regel viel im Zug. Und die Expertise im *Second Life,* das für
Vielreisende ja der Zug ist, ist von großer Bedeutung für die Effektivität und den
Spaß bei unserer Arbeit. Hier die 10 Gebote des Zugfahrens:

1. *Nimm den Gangplatz in der Ruhezone der 1. Klasse schneller Züge.* Reserviere
   stets einen Gangplatz (sonst bist du eingeengt), nicht an einem Tisch (hier ist es
   meist laut – auch weil sich gegenüber ein weiterer Tisch befindet), möglichst in
   der Ruhezone, in Zügen, die zügig fahren (d. h. ICE und EC: lieber weiter [Um-
   wege] und schnell fahrende Züge als kürzere Strecken und Bummelzüge – auch
   wenn das etwas teurer ist) und vor allem am Wochenende und zur Rush-Hour in
   der 1. Klasse (erlaubt das Dienstreisegesetz für Professor*innen – evtl. auch zunächst 2. Klasse kaufen und bei vollen Zügen in die 1. Klasse wechseln; auf jeden
   Fall BahnCard 1. Klasse haben).

2. *Nutze den reservierten Platz (zunächst) nicht.* Setze dich nie auf den reservierten
   Platz, wenn der Zug nicht sehr voll ist – denn die reservierten Plätze sind in der
   Regel in Waggons, die voll sind, eben weil alle Plätze in diesem Waggon reserviert
   sind. Setze dich lieber in einen Waggon am Anfang oder am Ende des Zuges. Das
   heißt, achte beim Einfahren des Zuges bewusst darauf, wie voll er ist, und ent-
   scheide dann, ob du den reservierten Platz in Anspruch nimmst: Sehr voll, dann

Reservierung / nicht sehr voll, dann Anfang oder Ende des Zuges – hier sind in der Regel die wenigsten Leute.

3. *Setze dich erst, wenn alle anderen bereits sitzen.* Wenn du einen nicht-reservierten Platz suchst, dann lasse dir sehr viel Zeit. Du kannst dir den optimalen Platz erst dann suchen, wenn die anderen alle sitzen. Wenn du das nicht machst, d. h., wenn du dich voreilig platzierst, dann überlässt du es dem Zufall (oder der bewussten Entscheidung der anderen), wer dich umgibt.

4. *Meide Laute.* Achte darauf, dass in deiner Nähe keine potenziell lauten Personen sitzen – sonst hast du es schwer beim Arbeiten. Ideal sind Einzelreisende, die keine Musik hören und introvertiert wirken. Im Laufe der Zeit kann man eine hohe Expertise bezüglich der antizipierten Lautstärke, die von Personen ausgeht erwerben.

5. *Wechsle den Platz, falls er suboptimal ist.* An Bahnhöfen werden die Karten oft neu gemischt – neue Reisende, neue Lärmquellen. Scheue dich nicht, deinen Platz zu wechseln, wenn es plötzlich laut wird. Warte, bis der Zug abgefahren ist und alle sitzen. Dann erkunde die anderen Waggons und wechsle den Ort, wenn du einen ruhigeren Platz gefunden hast. Lieber wandern als durch Lärm genervt sein. Hier bewährt sich die Strategie, Züge zu suchen, die möglichst selten halten (d. h., in der Regel ICEs).

6. *Mache die Ohren zu.* Habe im Zug stets Schalldämpfer für die Ohren dabei. Die haben zwar den Nachteil, dass man Eigenkörpergeräusche hört (z. B. den Herzschlag) und dass sie relativ tiefe Frequenzen nicht gut ausblenden (z. B. tiefe Männerstimmen), aber manchmal kann man dem Lärm nicht entfliehen, und dann ist man froh, wenn man die Dämpfer dämpfen lassen kann. Noch besser sind Kopfhörer mit Noise-Cancelling-Funktion – insbesondere die tiefen Töne werden herausgefiltert.

7. *Mache den Akku zu deinem Begleiter.* Habe stets einen guten Akku dabei, auf jeden Fall auch einen Reserve-Akku. Züge haben oft Verspätung, man erreicht die Anschlusszüge nicht oder man sitzt z. B. wegen Sturmschäden lange mitten im Wald. In solchen Fällen hält uns der Strom in unseren Laptops wach – die Zeit vergeht schneller, wenn wir arbeiten können, und wir haben nicht das Gefühl, dass wir unnütz im Zug sitzen. Und viele Züge haben keine Steckdose (bzw. falls sie welche haben, dann funktionieren sie häufig nicht).

8. *Fahre maximal 6 Stunden.* Fahre, wenn möglich, nicht länger als sechs Stunden am Stück mit dem Zug. Vier Stunden sind okay, sechs Stunden sind erträglich, alles, was länger ist, wird zur Qual.

9. *Gehe in den Speisewagen.* Nutze bei langen Zugfahrten den Speisewagen. Ortswechsel lassen die Zeit subjektiv schneller verstreichen, und ein Getränk oder ein Essen im Speisewagen ist eine gelungene Abwechslung.

10. *Pflege deine Flüssigkeitsphobie.* Achte im Speisewagen (und generell im Zug) wie ein Luchs auf Flüssigkeiten in der Nähe deines Laptops (z. B. Getränke der anderen, die in keiner stabilen Lage sind). Nur allzu schnell wird dein Laptop zur Pflanze, die gespritzt wird. Flüssigkeiten und Laptops vertragen sich nicht – insbesondere in Zügen, die von Natur aus wackeln (Nahverkehrszüge z. B.).

Arbeitsgruppe

28. Visionen und Konzepte entwickeln – Leaders Have Visions

Sehr schnell kann man sich im „Alltagsgeschäft" verlieren und langfristige Ziele vernachlässigen. Forschung und Lehre leben unter anderem von Visionen und Konzepten zu ihrer Umsetzung. Sowohl individuell als auch in der Gruppe in regelmäßigen Abständen (z. B. einmal pro Jahr) Visionen, d. h. zukunftsweisende Ideen zu generieren und zu formulieren, ist sehr empfehlenswert. Dabei lässt sich auch jeweils reflektieren, inwieweit man früher formulierten Visionen nähergekommen ist, bzw. diese modifiziert oder verworfen hat.

Die Zeitrahmen für solche Visionen können sehr unterschiedlich sein – bei Doktorand*innen sind sie wohl deutlich kürzer als bei Professor*innen oder bei ganzen Arbeitsgruppen. Die Ideen von Doktorand*innen können bei der Bildung von Visionen sehr hilfreich sein, da Professor*innen im Laufe der Zeit „betriebsblind" werden können, d. h. in ihrer bisherigen Forschung und in ihren bisherigen Ideen manchmal eine eingeschränkte, wenngleich elaborierte Sichtweise haben. Allerdings besteht die Gefahr, dass eher kurzfristig angelegte Visionen von Doktorand*innen der längerfristigen Profilbildung einer Arbeitsgruppe entgegenwirken, d. h. die Themen entsprechend häufig wechseln. Hier gilt es, eine gute Balance zu finden.

Empfehlenswert ist es, sich für Visionen und Konzepte auch mal eine „Auszeit" zu gönnen – z. B. für ein paar Tage wegzufahren und sich intensiv Gedanken zu machen. Abstand kann kreative Prozesse beflügeln. Manche Universitäten fördern solche Prozesse (z. B. das Programm „Spaces for Creativity" – im Sinne eines Freisemesters, in welchem kreative Dinge wie Konzepte, Anträge o. ä. entstehen können). Auch ein Arbeitsgruppentag zum Thema „Visionen" ist sehr sinnvoll. Wenig zeitintensiv ist es, sich hin und wieder z. B. bewusst in ein Café zu setzen, um dort über Visionen nachzudenken und Pläne zu schmieden.

29. Innovative Impulse setzen – Innovative Leaders

Politiker*innen halten manchmal Grundsatzreden, die wegweisend sind für die Partei, Visionen und Richtungen aufzeigen und Sicherheit geben. Gute Politiker*innen zeichnen sich unter anderem durch solche guten, wegweisenden Ansprachen aus. Für die Leiter*innen von Arbeitsgruppen ist es sicherlich auch sinnvoll, hin und wieder Richtungen bezüglich zukünftiger Inhalte, aber auch im Hinblick auf Strukturen und Kooperation in der Arbeitsgruppe aufzuzeigen – nicht im Stil großer Ansprachen, aber z. B. im Stil eines kurzen Impulsreferats im Rahmen einer Arbeitsgruppensitzung. Dies heißt nicht, dass die Mitarbeiter*innen lediglich Ausführende des Vorgegebenen sein sollten. Vielmehr können sie viel Freiheit innerhalb eines größeren Rahmens haben. Beispielsweise können drei oder vier forschungsbezogene Rahmenthemen aufgezeigt werden, welchen man sich zuordnen kann oder welche bei der Planung weiterer Forschungsprojekte berücksichtigt werden sollten. Insbesondere den Doktorand*innen geben solche Richtlinien Halt und Sicherheit. Beispielsweise fördern Rahmenthemen die Vernetzung von Mitgliedern der Arbeitsgruppe – z. B. im Hinblick auf gemeinsame Forschungsarbeiten und Publikationen, bei denen mehrere Mitglieder der Arbeitsgruppe beteiligt sind (Stichwort: Synergien schaffen). Innovative Ideen zu äußern ist sicherlich eine der zentralsten und auch herausforderndsten und spannendsten Tätigkeiten der Leiter*innen von Arbeitsgruppen.

30. Führung von Mitarbeiter*innen

Wie in vielen anderen Berufen wird man auch als Professor*in auf zentrale Tätigkeiten nicht vorbereitet, und man ist in keinster Weise dafür ausgebildet. Bei Professor*innen ist ein solcher Bereich die Führung von Mitarbeiter*innen. Wenn man eine Arbeitsgruppe leitet, dann verlangt dies ein hohes Maß an Expertise; und es stellen sich schon sehr früh Fragen wie diese:

- Was ist eigentlich eine „Arbeitsgruppe"? Was unterscheidet sie von einem Team oder von einzelnen, nebeneinander her arbeitenden Personen?

- Wie baue ich eine gut funktionierende, d. h. eine effektiv, innovativ und kreativ arbeitende Gruppe auf?

- Wie sehen Stellenprofile und Zielvereinbarungen aus, und wie gestalte ich Gespräche, bei denen es um Zielvereinbarungen geht (falls man überhaupt Zielvereinbarungen machen möchte)?

- Was passiert mit meiner Arbeitsgruppe, wenn eine Person die Gruppe verlässt oder eine neue Person hinzukommt?

- Welche Aufgaben und Funktionen hat das Sekretariat einer Arbeitsgruppe?

- Wie motiviere ich die Mitglieder meiner Arbeitsgruppe?

- Wie führe ich Gespräche mit Mitarbeiter*innen sinnvoll?

- Wie führe ich Konfliktgespräche?

- Wie führe ich Feedbackgespräche?

- Wie führe ich Kündigungsgespräche?

Woher sollen Professor*innen all das wissen? Wir sind vor allem im Bereich der Forschung ausgebildet – und manchmal (jedoch eher selten) auch in der Lehre. Es ist unabdinglich, sich im Bereich der Führung von Mitarbeiter*innen aus- bzw. fortzubilden, wenn wir nicht suboptimal und in weiten Teilen willkürlich arbeiten wollen. Viele denken, für das Impression-Management wäre es nicht gut, solche Fortbildungsveranstaltungen zu besuchen – geschweige denn davon zu berichten, falls man sie denn besucht (im Sinne von: „Der hat das nötig …"). Dabei ist es sicher ein Qualitätskriterium für jede Arbeitsgruppe, wenn sich die Leitung in puncto Führung von Mitarbeiter*innen fortbildet. Davon profitieren auch alle Mitarbeiter*innen auf zweierlei Art und Weise: Zum einen erhöht eine gute Führung die Effektivität und Kreativität der Arbeitsgruppe und fördert ein gutes Klima in der Gruppe, zum anderen lernen die Mitarbeiter*innen, wie sie später mal eine eigene Gruppe leiten können. Wir haben hier sicherlich eine gewisse Vorbildfunktion.

Es gibt zahlreiche Kurse zur Führung von Mitarbeiter*innen beim Deutschen Hochschulverband – diese sind speziell auf den universitären Kontext ausgelegt, berücksichtigen also dessen Spezifika. Vielleicht ist es auch sinnvoll, zusätzlich Fortbildungen im Bereich der Wirtschaft zu besuchen, um sich dort Anregungen zu holen. Empfehlenswert ist sicherlich ein Coaching, in dessen Rahmen man über aktuelle Probleme oder Optimierungsmöglichkeiten spricht. Ein Austausch mit Kolleg*innen im Bereich der Führung von Mitarbeiter*innen ist gewiss auch hilfreich (Stichwort: Intervisionsgruppen). Außerdem bieten manche Universitäten Kurse zur Personalführung an (z. B. über das Academic Staff Development). Ideal im Hinblick auf die Erhöhung der Führungskompetenz wäre die Unterstützung im Rahmen eines Mentorings. Der*die Mentor*in kann die ersten Jahre der Tätigkeit als Professor*in begleitet. Es könnte sich hier um eine Person handeln, die an der eigenen oder auch an einer anderen Universität tätig ist. Ein*e Mentor*in kann man sich immer selbst suchen, falls es keine institutionalisierten Programme gibt. Und später kann man selbst als Mentor*in tätig sein und auch dabei lernen.

Auch wenn es zeitaufwändig ist, sich bezüglich der Führung von Mitarbeiter*innen fortzubilden, so ist es „unterm Strich" sicherlich gut investierte Zeit. Und es ist spannend, etwas in einem Bereich zu lernen, in dem wir zunächst fast alle Noviz*innen sind.

31. Kein*e Nothelfer*in sein

Es gibt ja bekanntlich 14 Nothelfer*innen im christlichen Glauben – und 14 reichen auch. Oft überkommt uns das Helfer*innen-Syndrom, und es fühlt sich auch manchmal gut an, im beruflichen Kontext die starke Person zu sein, die anderen aus der Bredouille hilft. Wir Professor*innen sollten sicherlich unterstützen und fördern, d. h. ein Stück weit Wegbegleiter*innen sein. Aber wir sollten uns davor hüten, die

Probleme anderer allzu schnell zu unseren Problemen werden zu lassen. So ist es z. B. nicht unser Problem, wenn der Abgabetermin für eine Dissertation nicht eingehalten wird. Vielmehr ist es das Problem der Promovierenden, wenn das Problem nicht rechtzeitig kommuniziert wird. Eine gute Lösung kann es sein, klare Zielvereinbarungen zu treffen und stets als Wegbegleiter*in zur Verfügung zu stehen, falls Fragen oder Probleme auftreten.

Oft erhält man z. B. Fragen nach zentraler Literatur zu einem bestimmten Thema. Hierauf muss und soll man gar nicht reagieren, da jede Person an der Universität eine entsprechende Recherche selbst durchführen kann – und falls sie nicht dazu fähig ist, dann wird es allerhöchste Zeit, sich diese Kompetenz anzueignen. Ein anderes Beispiel sind Bitten, einen Artikel via Mail zu senden – obwohl dieser ohnehin Online zur Verfügung steht. Bei derartigen Anfragen geht es häufig den Personen darum, einfach Zeit zu sparen. Eigentlich unnötige Hilfe geht häufig mit einer geringen Wertschätzung anderer und somit einer Minderung ihres Selbstkonzepts einher.

32. Delegieren – aus mehreren Gründen

Delegieren kann und muss man lernen, wenn man nicht ständig überfordert sein will. Delegieren ist oft auch für die Mitarbeiter*innen von hohem Wert, da man sich dadurch Zeit für andere, evtl. übergeordnete Dinge schafft (welche man nur selbst erledigen kann), die auch wieder ihnen zugutekommen (z. B. Gelder akquirieren, die der gesamten AG zufallen). Delegieren heißt immer auch, dass man anderen zutraut, die Aufgaben selbständig und gut erledigen zu können. Man muss Erfahrungen sammeln beim Delegieren: Wer kann was für einen erledigen? Ist es angebracht, das zu delegieren? Und selbst wenn beim Delegieren Probleme auftreten, z. B. Dinge nicht adäquat von anderen erledigt werden, so sollte man dadurch das Delegieren nicht aufgeben, sondern die Probleme ansprechen. Delegieren verlangt oft am Anfang eine gewisse Investition, die sich aber in der Regel sehr schnell auszahlen wird. Beispielsweise kann man es an das Sekretariat delegieren, bei Publikationsanfragen selbständig die entsprechende Literatur zu senden. Dies muss man genau besprechen, ihm alle Literatur zukommen lassen (bzw. eine Datenbank aufbauen – ist noch besser) und zunächst bei Unklarheiten unterstützen. Aber sehr schnell wird das Sekretariat es selbständig erledigen können. Delegieren ist eine Kompetenz, die man sich erwerben kann – und sicher auch erwerben muss, um effektiv arbeiten zu können. Schwierig kann es manchmal sein, beim Delegieren fair zu sein, sodass die Arbeiten so gleichmäßig wie möglich auf die Mitarbeiter*innen verteilt werden – je nach Kompetenz und zeitlichen Ressourcen. Es ist empfehlenswert eine Liste zu machen, wer welche Tätigkeiten für einen übernehmen kann.

33. Personalverantwortung übertragen – Perspektivenwechsel

Mitgliedern der Arbeitsgruppe Personalverantwortung zu übertragen kann dazu beitragen, dass sie sich selbst und ihre Rolle in einem anderen Licht sehen. Dazu gehört natürlich Vertrauen, welches man in der Regel in seine Mitarbeiter*innen haben kann. So kann Mitarbeiter*innen z. B. jeweils eine Hilfskraft mit einer gewissen Stundenzahl zugeordnet werden, für die sie dann verantwortlich sind. Möglich ist es auch, zwei oder drei Personen eine Hilfskraft zuzuordnen – dies macht die Dinge allerdings in der Regel etwas komplizierter. Selbstverständlich ist dies nicht nur bei den akademischen Mitarbeiter*innen, sondern auch beim Sekretariat sehr gut möglich. Im Rahmen der Personalverantwortung werden sie Erwartungen an die Hilfskräfte haben, die z. T. mit den Erwartungen, die an sie selbst gestellt sind, übereinstimmen. Beispiele hierfür sind: Selbständigkeit, Eigeninitiative, das Finden kreativer und effizienter Lösungen, das Einhalten von Deadlines, Verlässlichkeit, freundlicher und wertschätzender Umgangston usw. Nun werden die Mitglieder der Arbeitsgruppe erfahren, dass diese Dinge – wie auch in jeder anderen Arbeitsgruppe und auf jeder Hierarchie-Ebene – nicht immer selbstverständlich sind und im Falle der Nicht-Einhaltung manchmal thematisiert werden müssen. Dies führt dazu, dass sie sensibilisiert werden im Hinblick auf eine professionelle Zusammenarbeit und dass sie dadurch auch ihr eigenes Verhalten vor dem Hintergrund der von ihnen selbst entwickelten Maßstäbe reflektieren. Falls Probleme mit den Hilfskräften auftreten, so können diese in der Arbeitsgruppe thematisiert und zielführende Lösungen gefunden werden. Die Mitglieder der Arbeitsgruppe entwickeln dadurch auch Führungskompetenzen, die für ihre spätere berufliche Tätigkeit von Nutzen sein können. Auch auf Hilfskraftebene kann man Personalverantwortung übertragen, z. B. dadurch, dass ein*e Hilfskraftsprecher*in benannt wird. Diese Person ist dann für das Hilfskraft-Team zuständig. Beispielsweise kann sie neue studentische Mitarbeiter*innen und in das Hilfskraft-Team einführen, einen Blick auf die zeitlichen Gesamt- und Teilressourcen werfen und dadurch Vorschläge im Hinblick auf eine Optimierung der Ressourcenverteilung machen (z. B. Planung einer Phase, in der eine Hilfskraft aufgrund von Prüfungsbelastungen weniger arbeitet, dafür aber diese Tätigkeiten zu einem späteren Zeitpunkt nachholt).

34. Gruppengefühl stärken

Eine Arbeitsgruppe sollte in der Tat eine Gruppe sein. Manche Arbeitsgruppen sehen sich so gut wie nie als gesamte Gruppe – und es ist häufig aufwändig, Gruppentreffen zu arrangieren, vor allem wegen der Terminflut während der Vorlesungszeit. In der vorlesungsfreien Zeit sind meist viele unterwegs (Kongresse, Fortbildungen,

Forschungsaufenthalte, Urlaub), was es auch nicht gerade einfach macht. Aber dennoch sollte man sich hin und wieder als Gruppe sehen – und man sollte die Bedeutung solcher Aktivitäten für die Arbeitsgruppe nicht unterschätzen. Empfehlenswert sind hier folgende „Aktionen":

- *Arbeitsgruppensitzungen* (z. B. einmal pro Monat – auf jeden Fall zeitlich limitiert, etwa auf jeweils maximal 30 Minuten).

- *„Wandertag" bzw. Arbeitsgruppenausflug* (z. B. einmal pro Jahr ein Tag oder auch nur ein halber Tag).

- *Gemeinsames Frühstück in der Mensa* (z. B. einmal pro Semester). Hier finden in der Regel viele informelle Gespräche statt, und ein gemeinsamer Start in den Tag verbindet.

- *Grillabende* (z. B. einmal im Sommersemester). Abendliches Zusammensein (möglichst bei Lagerfeuer) verbindet und ein Outdoor-Kontext lässt uns die anderen auch einmal aus einer anderen Perspektive wahrnehmen.

- *Weihnachtsfeiern* (jedes Jahr). Diese können mehr oder weniger aufwändig sein. Wenn wenig Geld zur Verfügung steht, bietet sich ein kleines besinnliches Zusammensein mit Plätzchen und Obst an.

- *Gruppenübungen bei einem Outdoor-Seminar* (z. B. alle zwei Jahre; an einem besonderen Ort wie dem Hochseilgarten). Auch wenn es meines Wissens keine (fundierte) empirische Evidenz zur Wirkung solcher Aktivitäten auf die Arbeitsleistung gibt, sind sie zumindest für die Stärkung der Gruppenkohäsion sehr gut. Und bei solchen Aktivitäten wird häufig das Sich-Gegenseitige-Unterstützen und das Vertrauen in die anderen visualisiert. Und oft ist es auch sehr lustig.

- *Arbeitsgruppenseminare mit einem Coach* sind sicher empfehlenswert (z. B. alle zwei Jahre) – wenn man das finanzieren kann.

- *Beamer-Abend* (z. B. einmal pro Jahr). Man macht Filmvorschläge und stimmt (etwa per Doodle) über den Film ab, der am Abend an der Uni mit Laptop und Beamer angesehen wird. Gut sind Filme mit einem thematischen Bezug zur Arbeitsgruppe – idealerweise mit einem Bezug, der zunächst nicht offensichtlich ist. Möglich sind auch Filme mit Bezug zu Arbeitsgruppensitzungen – z. B., wie eine professionelle Arbeitsgruppe in einem anderen Kontext agiert (beispielsweise als Crew in einem Raumschiff, als Team bei der Feuerwehr, in der Küche eines Gourmet-Lokals oder auch eine professionell agierende Einbrecherbande, bei der Koordination höchst relevant ist). Durch die Filmauswahl lernt man nebenbei auch etwas über die Geschmäcker der Mitglieder der Arbeitsgruppe.

- *Kunst-am-Bau-Sitzungen* (z. B. einmal pro Semester). An jeder Universität gibt es Kunstwerke, die mehr oder weniger bewusst wahrgenommen werden. Jemand aus der AG könnte z. B. jeweils ein Kunstwerk kurz vorstellen (z. B. direkt beim Kunstwerk oder via Fotos). Dies kann neben dem Gruppengefühl auch die Qualität der Verbindung zur Universität verändern – man nimmt Facetten (in diesem Fall die Kunst) bewusster wahr. Häufig erfährt man durch diese Kunstwerke auch etwas zum „Spirit" der Universität und auf welche Aspekte sie durch die Kunst am Bau aufmerksam machen möchte.

- *Gruppenfotos* (die bei den genannten Aktionen entstehen können). Die sind immer schön. Man kann sie an alle in elektronischer Form senden bzw. auf den Server stellen. Bei besonders schönen Fotos lohnt es sich, sie ausdrucken zu lassen und sie allen Mitgliedern der Arbeitsgruppe zu schenken. Solche Fotos liegen dann häufig irgendwo rum, und man sieht sich als Gruppenmitglied (auch noch, wenn die Fotos nach Jahren oder Jahrzehnten schon einen Gelbstich haben).

- *Gemeinsame Publikation.* Eine Publikation, in der alle Mitglieder der Arbeitsgruppe mitwirken, kann sehr verbindend sein und die Kommunikation in der AG stark beflügeln. Ein Beispiel wäre die Herausgabe eines Themenheftes. In manchen Fächern bietet es sich an, z. B. die eigene Forschung in einer für die Allgemeinheit verständlichen Sprache zu publizieren – z. B. in Form eines sehr praxisbezogenen Heftes, in welchem alle Mitglieder der AG etwas zu ihrer aktuellen Forschung und möglichen Implikationen für die Praxis schreiben. Der Aufwand für eine solche „Gruppenpublikation" sollte sich, falls man sich dafür entscheidet, sicherlich sehr in Grenzen halten. Aber je nach Disziplin, sind z. B. praxisorientierte Publikationen für die Karriere auch von hoher Bedeutung.

Was die Initiierung von Gruppenaktivitäten anbelangt, so sollte man hier jedoch auch bedenken, dass manche Mitglieder der AG dies evtl. nicht möchten. Es ist selbstverständlich völlig in Ordnung, wenn man abends nicht zu einem Grillabend der AG gehen will oder auch nicht auf einem Gruppenbild sein möchte. Das Ausmaß an Gruppenaktivitäten ist sicherlich eine Stilfrage für jede AG und sehr von deren Mitgliedern abhängig. Auf keinen Fall sollten Personen, die an solchen Aktivitäten nicht teilnehmen möchten, benachteiligt werden. Nur allzu schnell ist man wenig in die Gruppe integriert, wenn man bei solchen Aktivitäten nicht dabei ist. Hierzu eine Anmerkung von einem Kollegen zur 1. Auflage des Buches: „Bei solchen Gruppenveranstaltungen am Abend, die potentiell am Privatleben (ob es nun vorhanden ist oder nicht) der Mitarbeiter*innen knabbern, sollte auf jeden Fall gesichert sein, dass sich niemand genötigt fühlt hinzugehen. Eventuell kann das gelingen, indem man den Rahmen etwas aufweicht: Zum Beispiel könnte man statt einer Lehrstuhlwanderung, bei der sich wohl jede*r verpflichtet fühlen würde, einfach eine Wanderung für die Freunde*Freundinnen der Algebra machen und sie auch öffnen für andere Arbeitsgruppen, Studierende, Partner*innen etc. Auf diese Weise kommen am Ende vielleicht nur die, die wirklich wollen. Ansonsten finde ich das höchst bedenklich. Bei uns Mathematiker*innen ist das übrigens auch sehr selten!"

35. Bewerbungsgespräche

Häufig gibt es an Universitäten keine standardisierten Abläufe von Bewerbungsverfahren, z. B. wenn neue akademische Mitarbeiter*innen angestellt werden sollen. Allerdings lohnt es sich nachzufragen, ob man von Seiten der Universität Unterstützung in diesem wichtigen Prozess bekommen kann (Beratung, Checklisten, ...). Bewerbungsverfahren sind neben der Wahl der besten Person immer auch ein Aushängeschild für eine Arbeitsgruppe und insgesamt sehr wichtig. Es lohnt sich, hier Ressourcen zu investieren – es kann schließlich in eine Zusammenarbeit über Jahre hinweg münden. Die Beachtung der folgenden Punkte könnte hilfreich sein:

- *Guter Ausschreibungstext.* Bereits bei Ausschreibungstexten darauf achten, dass die Attraktivität der Stelle betont wird (nicht nur „wir suchen", sondern auch „wir bieten" – z. B. Möglichkeit zu Auslandsaufenthalten, Mitarbeit in einer international orientierten Arbeitsgruppe, karriereförderliches Umfeld, Unterstützung durch Hilfskräfte, Vorhandensein eines Labors, Vorhandensein von Informatiker*innen für Programmierarbeiten, ...).

- *Gute Anschreiben.* Alle Schreiben an die Bewerber*innen sollten freundlich und wertschätzend formuliert sein – selbstverständlich auch Absagen.

- *Kosten übernehmen.* Falls irgendwie möglich, sollten die Reisekosten und das Hotel bezahlt werden (wenigstens teilweise) – Unterstützung bei der Hotelsuche anzubieten sollte selbstverständlich sein.

- *Arbeitsproben senden lassen.* Vor einem Gespräch vor Ort kann man sich zur Stelle passende Arbeitsproben senden lassen – z. B. Artikel und Buchbeiträge, Abschlussarbeiten.

- *Vortrag halten lassen.* Einen Vortrag halten zu lassen, der im Anschluss kritisch diskutiert wird, kann sehr hilfreich sein, um die fachliche Qualität der Bewerber*innen einschätzen zu können (z. B. 20 Minuten Vortrag / 10 Minuten Diskussion). In manchen Disziplinen (vor allem in den Naturwissenschaften) ist dies ohnehin Standard.

- *Einzel- und Gruppengespräche.* Solche Gespräche sollten gut geplant werden (Fragenkatalog, Festlegung, wer welche Frage stellen wird).

- *Zeit für Fragen.* Grundsätzlich den Bewerber*innen genügend Zeit geben, um Fragen zu stellen.

- *Persönliches Gespräch mit dem*der Arbeitsgruppenleiter*in.* Ein solches Gespräch ist auf jeden Fall notwendig (z. B. 30 Minuten); hier kann unter anderem auch nach Referenzen gefragt werden (mit ehemaligen Betreuer*innen der Person Kontakt aufzunehmen, könnte durch die Einbeziehung einer weiteren Perspektive zu einem vollständigeren Bild führen).

- *Informelle Gespräche.* Solche Gespräche mit den anderen Mitarbeiter*innen können für beide Seiten hilfreich sein (etwa im Rahmen eines gemeinsamen Kaffeetrinkens; z. B. 30 Minuten).

- *Realistic Job Preview.* Es ist wichtig, den Bewerber*innen klar zu skizzieren, was alles auf sie zukommen würde und wie der Arbeitsalltag, die Zusammenarbeit und die Rollenverteilung aussehen würden. Hieraus kann sich ein für beide Seiten hilfreiches Gespräch im Hinblick auf die Passung ergeben.

- *Uniführung.* Eine abschließende Uniführung und ein Zeigen der Räume der Arbeitsgruppe (auch des Experimentallabors, wenn vorhanden; z. B. 30 Minuten) kann für die Bewerber*innen wichtig im Hinblick auf deren Entscheidung sein – und man bekommt einen Eindruck, wie groß ihr Interesse an der Universität ist.

- *Weitere Gesprächsangebote machen.* Den zum Bewerbungsgespräch eingeladenen Personen sollte angeboten werden, dass sie sich im Falle von weiteren auftretenden Fragen jederzeit gerne an einen wenden können – das kann einigen Druck von den Bewerber*innen nehmen, da es nicht so schlimm für sie ist, wenn sie einen bestimmten Punkt vor Ort nicht ansprechen (möchten).

Hat man sich für eine Person entschieden, so ist ihre Einführung in die Arbeitsgruppe sehr wichtig – z. B. im Rahmen eines ausführlichen Einführungsgesprächs, bei welchem über Forschung, Lehre und Arbeitsgruppenstrukturen gesprochen wird. Ein gut vorbereitetes Büro mit EDV-Ausstattung und Materialien kann ein schöner „Willkommensgruß" sein – ein paar Süßigkeiten, Obst und eine von allen unterzeichnete Karte auf den Schreibtisch zu legen, kann den ersten Arbeitstag weiter verschönern und zu einem angenehmen Einstieg beitragen.

36. Die Außendarstellung der Arbeitsgruppe

An Universitäten wird häufig zu wenig darauf geachtet, welche Wirkung man als Arbeitsgruppe nach außen hat. Diese Wirkung ist allerdings nicht zu unterschätzen, denn sie lässt einen Eindruck von der Arbeitsgruppe entstehen, der z. B. bei der Akquirierung von wissenschaftlichem Nachwuchs und Hilfskräften wichtig ist. Neben der „wissenschaftlichen Außenwirkung" (Publikationen, Drittmittelprojekte, ...) und der Wirkung durch Lehrveranstaltungen, gibt es nicht zu unterschätzende weitere Aspekte der Außenwirkung. Hier ein paar Dinge, die man diesbezüglich beachten kann:

- *Freundlichkeit im Sekretariat.* Das Sekretariat ist für die Außenwirkung überaus relevant – es ist die „Anlaufstelle" für viele Personen. Hier sollten alle stets freundlich und entgegenkommend empfangen werden. Der*die Sekretär*in sollte sich stets genügend Zeit für Personen nehmen, die mit Anfragen und Bitten ins Sekretariat kommen. Wenn er*sie viel Arbeit hat, sollte man die Zeiten für den Publikumsverkehr einschränken. Aber wenn Personen zu diesen Zeiten kommen, sollten sie stets auf Freundlichkeit treffen.

- *Gute Türschilder.* Türschilder sagen sehr viel über die Arbeitsgruppe aus. Sie sollten schön und informativ gestaltet werden (z. B. Sprechstundenzeiten, E-Mail-Adressen, Telefon, Logo, …).

- *Gute Info-Texte.* Info-Texte an den Türen sind wichtig. Texte wie „Sprechstunde fällt heute aus" sind sehr unfreundlich und inakzeptabel. Man sollte sich in der Gruppe gemeinsam freundliche und entgegenkommende Texte überlegen, die standardmäßig in spezifischen Fällen verwendet werden. Hier Beispiele: „Leider kann meine Sprechstunde heute nicht stattfinden. In dringenden Fällen wenden Sie sich bitte an das Sekretariat (D 606) oder kontaktieren Sie mich via E-Mail. Nächste Woche findet meine Sprechstunde wieder zur gewohnten Zeit statt. Vielen Dank für Ihr Verständnis!"; „Ich bin gerade unterwegs und ca. um 10.30 Uhr zurück. Vielen Dank für Ihr Verständnis!". Auch diese Texte sollten schön gestaltet sein (z. B. mit Logo). Man kann Standardtexte und Formatierungen allen Mitarbeiter*innen zur Verfügung stellen; diese können dann die entsprechenden Infos (z. B. Abwesenheitszeiten) modifizieren und mit sehr wenig Aufwand verwenden. Kolleg*innen sollte man auf diesbezüglich suboptimale Texte aufmerksam machen (z. B. „Bin in 30 Minuten zurück" – hier kann die Wartezeit 0 bis 30 Minuten betragen – wirklich ein No-Go).

- *Bilder/Poster auf dem Gang.* Die Gänge der Arbeitsgruppe sollten schön gestaltet werden – z. B. mit Bildern und Postern (etwa Poster, die bei Kongressen vorgestellt wurden), die einen inhaltlichen Bezug zur Arbeit der Gruppe haben. Sie sollten auch immer wieder aktualisiert werden – zumindest teilweise. Menschen reagieren auf Veränderungen. Wenn immer dasselbe zu sehen ist, sieht es bald niemand mehr an. Durch QR-Codes kann man z. B. weitere Infos zur Verfügung stellen.

- *Gute Homepage.* Die Homepage ist selbstverständlich ein zentrales Aushängeschild jeder Arbeitsgruppe. Sie sollte professionell gestaltet (z. B. professionelle Bilder – hier ist oft Schreckliches zu sehen) und stets aktuell sein (auch hier ist oft Schreckliches zu sehen). Man sagt zwar, „nichts ist älter als die Tageszeitung von gestern", aber dasselbe gilt für Homepages. Eine Person aus der Arbeitsgruppe sollte für die Aktualität der Homepage verantwortlich sein – bis hin zu sehr aktuellen Ankündigungen, wie z. B. den Ausfall von Sekretariatsöffnungszeiten und Sprechstunden aufgrund von Krankheit. Aber nicht nur Aktuelles gehört auf die Homepage: auch ein Archiv von Bildern der Arbeitsgruppe, auf denen ehemalige Mitarbeiter*innen und Personen, die Qualifikationsarbeiten an der AG verfasst haben zu sehen sind, ist wichtig – das zeigt die Wertschätzung Ehemaliger und fördert deren Commitment. Allerdings sollte es selbstverständlich auch akzeptiert werden, falls jemand kein Foto von sich auf der Homepage haben möchte.

- *Visitenkarten.* Alle Mitglieder der Arbeitsgruppe sollten professionell gestaltete Visitenkarten haben – auf jeden Fall im internationalen Format, evtl. zusätzlich auch im nationalen Format (z. B Vorder- und Rückseite nutzen). Allerdings ist dies sehr vom Fach abhängig – in der Psychologie ist das eher üblich, in der Physik beispielsweise würde es eher eigenartig wirken.

- *Getränke parat.* Als Professor*in sollte man stets Wasser, Kaffee und Tee anbieten können. Es ist wichtig, dass man auch schöne Tassen und Gläser hat. An Universitäten steht oft unmögliches Geschirr herum.

- *Schöne Büros.* Die Büros sollten ordentlich sein. Chaos in den Büros vermittelt den Eindruck, als hätte man die Dinge nicht unter Kontrolle. Das Ausmaß an Ordnung im Büro ist generell für das Impression-Management wichtig – hier muss jede und jeder eine individuelle Lösung finden. Zu aufgeräumte Büros können pedantisch, auf manche evtl. sogar „nicht wissenschaftlich" wirken oder auch den Eindruck erwecken, man hätte wenig zu tun – zumindest bleibt anscheinend Zeit zum Ordnung halten oder zum Aufräumen. Für manche ist ein mittleres Maß an Aufgeräumtheit auch ideal – das sogenannte „kreativitätsfördernde kleine Chaos" – und dieses kreativitätsfördernde Umfeld will man natürlich auch anderen zeigen: Hier arbeitet jemand, der kreativ ist. Ein heikles Thema sind auch Bilder im Büro: Insbesondere gerahmte Bilder könnten ja den Eindruck erwecken, man hätte zu wenig zu tun. Ein (evtl. etwas schief) aufgehängtes Poster signalisiert guten Willen – aber es fehlt einfach die Zeit. Also: Das Ausmaß an individueller Ordnung und Ästhetik im Büro ist ein vielschichtiges Thema.

- *Gute Texte auf dem Anrufbeantworter.* Die Anrufbeantworter sollten einen freundlichen Ansagetext haben. Auch hier kann man einen Standardtext für die Arbeitsgruppe entwickeln.

- *Angemessene Kleidung.* Lockere Kleidung ist üblich an Universitäten, zumindest im Bereich der Psychologie. Sicher kann hier jede*r einen persönlichen Stil pflegen und sich im Intervall [sehr leger; sehr seriös] bewegen. Aber im Hinblick auf die Außendarstellung ist eine zu legere Kleidung sicher zu vermeiden – Tabu sollten z. B. kurze Hosen sein, barfuß zu gehen, – und sehr unschick sind bei Männern auch kurzärmlige Hemden (der Zusatz mit den kurzärmligen Hemden hat bei manchen Kolleg*innen, die dieses Manuskript vorab gelesen haben, Unverständnis ausgelöst – das ist sicher auch Geschmackssache, aber z. B. im Wirtschaftskontext sind kurzärmlige Hemden häufig ein Tabu). Gegen hochgekrempelte Ärmel bei langärmligen Hemden ist nichts auszusetzen – das hat einen gewissen Charme. Bei den Schuhen ist ebenfalls ein zu lockerer Stil zu vermeiden. Als Arbeitsgruppenleiter*in kann man das Thema Kleidung durchaus mal ansprechen – evtl. schon, bevor Probleme auftreten, weil sich dann Kolleg*innen angegriffen fühlen („Kleidung ist ja schließlich etwas sehr Persönliches").

Arbeitsgruppen an Universitäten hinken in puncto Außendarstellung häufig Gruppen in Unternehmen hinterher. Eine schöne und einheitliche Außendarstellung stärkt auch das Commitment der Mitglieder der Arbeitsgruppe und vermittelt einen professionellen Eindruck. Und es ist wirklich nicht viel Arbeit, die genannten Dinge zu etablieren.

Aber selbstverständlich fließen auch Ressourcen in diesen Bereich, die dann für andere Dinge nicht mehr zur Verfügung stehen. Hier ein entsprechender Kommentar eines Kollegen zur 1. Auflage des Buches: „Viele der hier angesprochenen Themen sind Geschmackssache – relativierend könnte man deutlich machen, dass über allem der Output steht."

37. Arbeitsgruppensitzungen

Arbeitsgruppensitzungen sind immer auch „Social Events" und wichtig, um ein Gesamt-Gruppengefühl zu etablieren und aufrechtzuerhalten, auch wenn sich bestimmte Subgruppen (z. B. Projektteams) ohnehin mehr oder weniger oft sehen und z. T. regelmäßig intensiv zusammenarbeiten. Arbeitsgruppensitzungen wären vielleicht inhaltlich manchmal gar nicht notwendig, aber sie haben eben nicht nur den Zweck über konkrete Arbeiten zu sprechen. Es empfiehlt sich, Arbeitsgruppensitzungen während der Vorlesungszeit im Monatsturnus abzuhalten und während der vorlesungsfreien Zeit mindestens eine Sitzung stattfinden zu lassen. Hier ein paar Tipps zur professionellen Gestaltung von Arbeitsgruppensitzungen:

- *Professionelle Einladung.* Bei der Einladung zur Arbeitsgruppensitzung sollten möglichst auch bereits die TOPs versandt werden. Bezüglich der TOPs sollten grundsätzlich immer alle die Möglichkeit haben, Vorschläge beispielsweise bis zu zwei Tage vor der Sitzung zu senden. Eine andere Möglichkeit besteht darin, die TOPs auf ein allen zugängliches Dokument zu stellen (z. B. via Google Docs oder spezifische Lösungen der Universität), sodass alle ihre TOPs eintragen können (möglichst mit Namen, von wem der Punkt stammt).

- *Anwesenheitspflicht und Entschuldigung.* Wer nicht zur Sitzung kommen kann, sollte sich auf jeden Fall bei der Arbeitsgruppenleitung im Vorfeld entschuldigen – natürlich mit Angabe des Grundes für das Fehlen.

- *Getränke und Snacks bereitstellen.* Schön ist es immer, wenn es etwas zu essen und zu trinken gibt (Äpfel, Obstschnitten, Kekse, Brezeln, Kaffee, Tee, Wasser, ...). Das muss nicht immer sein, ist aber für die Stimmung gut (vor allem Kaffee und Tee am frühen Morgen) – und es ist professionell.

- *Materialien bereitstellen.* Am Anfang sollten die Materialien verteilt werden (z. B. Überblickslisten zu den Hilfskräften mit den jeweiligen zeitlichen Rahmenbedingungen). Auf jeden Fall sollte eine TOP-Liste verteilt werden, bei der bei jedem TOP eine Zeitangabe steht, also die Zeit, die etwa für diesen TOP verwendet werden sollte. Anstelle von Papierversionen ist z. B. auch eine Präsentation über den Beamer gut (z. B. per Präsentationssoftware oder Benutzung einer Dokumentenkamera) – das erspart oft unnötige Papierberge.

- *Sitzungsdauer festlegen.* Ganz wichtig ist es auch, das Sitzungsende zu nennen. Und noch wichtiger, sich auch daran zu halten. Endlos-Sitzungen sind schlimm – es ist immer gut zu wissen, wann etwas enden wird. Und es ist gut zu wissen, dass Zeitpläne auch eingehalten werden. Hier hat man als Arbeitsgruppenleiter*in auch wieder eine Vorbildfunktion. So manche Arbeitsgruppe hat schon „Stehungen" eingeführt – Sitzungen im Stehen dauern meist nicht so lange, weil viele nicht gerne lange stehen. Allerdings benötigt man dann auch Stehtische, um sich Notizen machen zu können.

- *Geschützten Rahmen schaffen.* Grundsätzlich sollte nichts, was in den Sitzungen besprochen wird, nach außen dringen. Es sollte also ein „geschützter Rahmen" sein (z. B. insbesondere wenn Dinge wie Patentrechte eine Rolle spielen). Selbstverständlich gilt das nicht für alles. Manches kann – und sollte evtl. sogar – nach außen dringen.

- *Sitzungspaten bestimmen.* Am Anfang sollten immer die Personen genannt werden, die entschuldigt sind. Auch der Grund für das Nicht-Anwesend-Sein sollte genannt werden. Es sollte ein*e „Sitzungspate*Sitzungspatin" bestimmt werden – also jemand, der die bei der Sitzung ausgetauschten Infos an diese Personen weitergibt. Dies fördert persönlichen Austausch in der Gruppe und betont die Wichtigkeit der Sitzung.

- *Begrüßungen und Verabschiedungen.* Neue Gruppenmitglieder sollten jeweils begrüßt werden und Personen, welche die Gruppe verlassen, gebührend und mit Dank verabschiedet werden. Neue Gruppenmitglieder sollten sich auf jeden Fall kurz persönlich vorstellen.

- *Erfreuliches am Anfang.* Ein guter Einstieg kann sein, besonders Erfreuliches am Anfang zu nennen (z. B. angenommene oder vorgestellte Kongressbeiträge, Publikationen, die fertiggestellt oder angenommen wurden, Anträge, die fertiggestellt oder bewilligt wurden, erfolgreiche Seminare, umgesetzte innovative Lehrkonzepte, …). Hier kann man hin und wieder auch ein paar Bilder präsentieren (z. B. von Kongressen, Seminaren), um das Ganze anschaulich zu machen. Es sollte jedoch darauf geachtet werden, dass hier keine allzu kompetitiven Strukturen geschaffen werden – d. h. es sollte wirklich um die positiven Inhalte gehen und nicht um Personen.

- *Tätigkeitsbericht.* Es empfiehlt sich, dass alle Anwesenden kurz berichten, was sie in den letzten Wochen alles gemacht haben und was sie inhaltlich beschäftigt hat. Eine solche Runde ist wichtig für den Informationsaustausch, und man erfährt, was alles in der Arbeitsgruppe passiert und was die Personen beschäftigt. Oft gibt es in Arbeitsgruppen Sub-Gruppen (z. B. Projektteams), die wenig voneinander wissen.

- *Informationsblock.* Nun kann ein Informationsblock von Seiten der Arbeitsgruppenleitung folgen.

- *Optimierungen.* Ein Punkt sollte „Optimierung" lauten. Hier sollte im Sinne eines Monitorings angesprochen werden, was gut und was suboptimal in der Arbeitsgruppe läuft. Es empfiehlt sich, eine für alle zugängliche und bearbeitbare Optimierungsliste anzulegen. Hier kann jede und jeder zwischen den Sitzungen Optimierungsvorschläge formulieren. Diese Vorschläge können dann in der Arbeitsgruppensitzung diskutiert werden. Man kann sich schließlich auf Dinge einigen, die umgesetzt werden sollten. Es sollte auch thematisiert werden, inwieweit Optimierungen, die bei den letzten Sitzungen beschlossen wurden, auch umgesetzt wurden – und falls nicht, warum sie nicht umgesetzt wurden und ob man einen weiteren Versuch starten will oder (unter Angabe von Gründen) nicht.

- *Sonstiges*: Sollte es selbstverständlich auch immer geben.

- *Nächste Sitzungstermine festlegten.* Es sollten immer die nächsten beiden (!) Sitzungstermine festgelegt bzw. bestätigt werden. Gerade bei großen Gruppen ist das Finden gemeinsamer Termine oft schwierig.

- *Dank.* Jede Sitzung sollte mit einem Dank enden.

Jenseits dieser relativ oft stattfindenden Arbeitsgruppensitzungen sind hin und wieder Sitzungen außerhalb der Universität („Retreat") sinnvoll, da diese eine Außenperspektive erleichtern. Bei solchen Sitzungen können Stärken und Schwächen der AG (z. B. bezüglich Forschung, Lehre, Arbeitsgruppenstrukturen, Innovationen, Kreativität usw.) thematisiert und Ansätze zur Optimierung entwickelt werden. Bei diesen Treffen kann man sich auch professionell unterstützen lassen (etwa anhand professioneller Moderation oder von Teamentwickler*innen). Solche Treffen können z. B. einmal pro Jahr an einem schönen und inspirierenden Ort stattfinden. Hier noch eine Ergänzung aus einer Rückmeldung zur 1. Auflage: „Hier könnte man ergänzen, dass man sich gerade bei wissenschaftlichen Retreats sog. critical friends einladen sollte, die zu den wissenschaftlichen Arbeiten der AG Rückmeldung geben."

38. Mitarbeiter*innen als Freunde?

Mitarbeiter*innen sollten in der Regel keine Freunde sein – das führt nur zu großen Problemen. Es kann aber sehr schnell passieren: Wenn ein typisches Arbeits-Muster einsetzt, arbeitet man so viel, dass man alle oder zumindest die meisten Freunde verliert, weil man keine Zeit mehr für sie hat. Und dann ist man sehr anfällig dafür, freundschaftliche Beziehungen zu den Mitarbeiter*innen aufzubauen. Aber davor sei ausdrücklich gewarnt. Man muss als Vorgesetzte*r hin und wieder auch kritische Dinge äußern, und man macht sich das Leben schwer, wenn man die berufliche und die private Ebene allzu sehr vermischt. Das heißt nicht, dass dies grundsätzlich nicht möglich wäre – aber es ist kompliziert, ja sehr kompliziert. Ein kollegialer und freundlicher Umgangston ist gut, aber zu viel Privates in die Arbeit hineinzutragen ist ein heikles Unterfangen. Bei Arbeitsgruppen-Ausflügen, Arbeitsgruppen-Seminaren und anderen Anlässen sollte man daher immer aufpassen, nicht zu persönlich in den Gesprächen zu werden – was natürlich nicht heißt, dass man hier desinteressiert wirken sollte. Aber man sollte sich für ein gutes Maß an privaten Elementen in der Kommunikation bewusst entscheiden. Sehr unterschiedlich enge Verhältnisse zu einzelnen Mitarbeiter*innen können auch zu dem Gefühl von Ungerechtigkeiten in der Arbeitsgruppe führen und Mitarbeiter*innen, die einen sehr engen Draht zur*zum Vorgesetzten haben sogar von der restlichen Arbeitsgruppe isolieren – z. B. wenn über die Vorgesetzten geredet wird; und das ist wohl oft der Fall. Ein diesbezüglich extremes Beispiel ist, wenn die Person, die mit der*dem Vorgesetzten liiert ist, Teil der eigenen Arbeitsgruppe ist oder einer Arbeitsgruppe, mit der man eng zusammenarbeitet. Solche Situationen sind äußerst schwierig, und selbst bei sehr hoher sozialer Kompetenz sind größere Probleme hier in der Regel vorprogrammiert. Eine gute Lösung ist oft, dass der*die Partner*in an einer anderen Arbeitsgruppe mit ähnlicher inhaltlicher Ausrichtung tätig ist.

Und hier noch eine m. E. interessante und auch beachtenswerte Anmerkung zur 1. Auflage dieses Buches: „Zur Aussage "Mitarbeiter*innen sollen keine Freunde sein": Ich würde das anders formulieren: Man sollte sie nicht mit Freund*innen verwechseln. In der Tat finde ich die in Deutschland verschwimmenden Grenzen zwischen Professionalität und Privatheit höchst bedenklich. In Frankreich wird da viel stärker getrennt, was wirklich überwiegend positive Seiten hat. Aber ich wundere mich, dass Du dann Beamer-Abende propagierst [vgl. Kapitel 34 „Gruppengefühl stärken"], wo man gemeinsam Filme anschaut! Dass Mitarbeiter*innen keine Freunde sein sollen, finde ich übertrieben, das erinnert mich dann schon wieder an die USA, wo man überall gleich verdächtigt wird, seine Machtposition auszunutzen, wenn es zu privaten Kontakten kommt. Ich denke, dass man in erster Linie Mensch ist, und dass Arbeitskolleg*innen hin und wieder zu Freunden werden, ist wahrscheinlich das normalste der Welt."

39. „Du" und „Sie" in Arbeitsgruppen

Duz- und Siez-Kulturen sind in unterschiedlichen Bereichen (z. B. Wirtschaftsunternehmen vs. Universität; Fakultäten innerhalb von Universitäten) unterschiedlich häufig anzutreffen. Siez-Kulturen kann man grundsätzlich empfehlen, weil sie keine Nachteile für die Arbeitsgruppe mit sich bringen. Das „Du" ist jedoch in vielerlei Hinsicht problematisch:

- *„Du" mit allen kaum möglich.* Man wird wohl nie mit allen Mitgliedern der Arbeitsgruppe per Du sein (z. B. nicht mit den Hilfskräften). Das führt zu Ungleichheiten im Umgang, und man muss ständig überlegen und entscheiden, wem man das Du anbietet und wem nicht.

- *„Du" UND „Sie" – umständlich.* „Du" UND „Sie" ist immer umständlich in Gruppengesprächen – hier ist es sehr schwierig, einen guten sprachlichen Stil zu pflegen (z. B. „Könnt Ihr das erledigen?" vs. „Können Sie das erledigen?" bei gemischten Du/Sie-Gruppen).

- *„Du" – oft distanzlos, unangenehm.* Das „Du" ist häufig zu distanzlos für einen professionellen Arbeitskontext. Manchen Personen ist es auch womöglich sehr unangenehm, wenn sie Vorgesetzte duzen sollten – vor allem, wenn der Altersunterschied groß ist.

- *Duz-Kulturen: wirken unprofessionell nach außen.* Bei Sitzungen gemeinsam mit anderen Arbeitsgruppen wirkt die Duz-Kultur unprofessionell; d. h., wenn sich die Mitglieder einer Arbeitsgruppe in einer Sitzung duzen und die Mitglieder der anderen Arbeitsgruppe siezen, so wirkt die Siez-Gruppe meist professioneller.

Die Empfehlung lautet also: sich mit allen Mitgliedern der Arbeitsgruppe grundsätzlich siezen. Wie es die Mitglieder der Arbeitsgruppe untereinander handhaben, müssen diese selbst entscheiden. Auf einer Hierarchieebene ist das „Du" die Regel. Mitarbeiter*innen würde ich aber empfehlen, die Hilfskräfte zu siezen. Wenn jemand Mitglied der Arbeitsgruppe wird, den man schon immer geduzt hat, dann muss man das „Du" natürlich beibehalten. Aber dies sollte dann auf jeden Fall in der Arbeitsgruppe angesprochen und erklärt werden. Vor allem neuen Mitgliedern der Arbeitsgruppe sollte man erläutern, warum man mit einzelnen Personen per „Du" ist und dass dies keinerlei Bedeutung bezüglich des Umgangs miteinander hat.

Was sind die Nachteile des Siezens? Ich zumindest finde keine erwähnenswerten Punkte. Ein problematischer Punkt des Siezens könnte sein, dass es geradezu etwas unangebracht und unnatürlich wirkt, sich bei einem sehr guten Verhältnis zu Siezen – das könnte sich unangenehm anfühlen. Allerdings ist wohl ein „Du" bei eigentlich gewolltem „Sie" unangenehmer als ein „Sie" bei eigentlich gewolltem „Du".

Wenn man sich jedoch dennoch für eine Duz-Kultur entscheidet, so ist diese m. E. auch realisierbar, und die genannten Punkte, die gegen eine Duz-Kultur sprechen, sind sicher nicht allzu gravierend. Und diese Kulturen sind auch vom Fach und vom Land abhängig (z. B. findet man häufig Duz-Kulturen im Fach Physik und in der Schweiz). Viele Arbeitsgruppen kommunizieren aufgrund ihrer internationalen Zusammensetzung auf Englisch – da fällt das „Du"/„Sie"-Problem ohnehin weg. In diesem Fall ist der Vorname (unabhängig von der Hierarchiestufe) Standard, auch wenn man in der Kommunikation auf Deutsch eine Siez-Kultur pflegt.

Es gibt auch Arbeitsgruppen, deren Mitglieder sich auf der Ebene der „Gleichgestelltheit" duzen, d. h., sobald es eine gewisse Gleichstellung gibt. Denkbar ist diesbezüglich z. B. das „Du" mit dem*der Professor*in ab dem Zeitpunkt des abgeschlossenen Habilitationsverfahrens oder ab dem Zeitpunkt einer unbefristeten Anstellung (z. B. Akademische*r Rätin*Rat). Mir erscheint diese Herangehensweise jedoch unklar, da die Definition von „Gleichstellung" je nach Perspektive (Lebenszeitanstellung, Habilitation, …) zu unterschiedlichen Resultaten (d. h. „Du" vs. „Sie") führen kann. Außerdem ist der plötzliche Wechsel vom „Sie" zum „Du" für viele Menschen unangenehm.

Für welche Lösung man sich auch entscheidet: Auf jeden Fall sollte das Thema „Du" und „Sie" in der Arbeitsgruppe thematisiert werden. Vor allem für neue Mitglieder ist eine diesbezügliche Information und Klarstellung sehr wichtig.

Und hier noch eine Anmerkung zur 1. Auflage des Buches: „Ich bin an sich auch kein Freund der sich ausweitenden (manchmal auch recht heuchlerischen) Duz-Kultur, aber in Mathematik ist es so ähnlich wie in einem Fußballverein: Man spielt einfach im Team, hat gemeinsam Spaß, an dem was man macht, und abgesehen von größeren Alters- oder Hierarchieunterschieden hat sich daher die Duz-Kultur durchgesetzt."

40. Loben! Loben?

„Gratifikationskrise" – sie ist in aller Munde und es gibt sie nicht nur an Universitäten. Das Thema „Lob" ist ein wichtiges Thema in der Psychologie, und beim Loben sollte man einiges beachten. Grundsätzlich wird eher viel zu wenig gelobt. Natürlich soll man es nicht übertreiben, und vor allem sollte man mit Lob dann zurückhaltend sein, wenn es sich um eher triviale und selbstverständliche Dinge handelt – damit kann man sogar Unmut erzeugen („Wenn meine Vorgesetzte mich dafür lobt, dass ich diese simple Sache geschafft habe, was traut sie mir denn dann eigentlich zu?"). Gut eingesetztes Lob kann höchst motivierend sein und ist ein Zeichen von Achtung, Wertschätzung und Aufmerksamkeit. Die Mitarbeiter*innen werden vermutlich ebenfalls loben, wenn sie selbst gelobt wurden.

Ein Punkt ist noch erwähnenswert: Wir sollten nicht nur die Resultate loben, sondern auch die Prozesse – z. B., wenn jemand ein Problem originell oder effektiv gelöst hat. Lob kann schwierig sein, wenn man Personen loben möchte, die auf irgendeine Weise höhergestellt sind, als man es selbst ist (Bottom-Up-Lob). Vorgesetzte zu loben hat manchmal einen eigenartigen Beigeschmack, weil es schnell überheblich oder auch instrumentell wirken kann. Aber hier kommt es auf den Ton an, und grundsätzlich freuen sich fast alle Menschen über Lob – egal auf welcher Hierarchiestufe. Ab einer gewissen erreichten Hierarchiestufe wird man im Allgemeinen – aus dem eben genannten Grund – selten gelobt. Und die Gefahr dabei ist, dass man dann selbst leicht vergisst, andere zu loben. Also: mehr loben! Und Top-Down-Lob ist in der Regel unproblematisch.

41. Danken

Dank ist unter anderem ein Ausdruck von Wertschätzung, eigener Bescheidenheit und Höflichkeit. Dank zeigt, dass wir Dinge und Handlungen nicht als selbstverständlich erachten. Das kleine und häufige „Dankeschön" sollte Teil der alltäglichen Umgangskultur sein. Aber für spezifische Dinge sollte man sich auch in aller Form bedanken und hin und wieder auch noch ergänzen, dass man gewisse Sachen nicht als Selbstverständlichkeit erachtet (z. B. wenn ein*e Mitarbeiter*in aufgrund einer anstehenden Deadline in den Abend bzw. in die Nacht hinein oder auch am Wochenende arbeitet). Top-Down- und Bottom-Up-Dank sind jeweils unproblematisch und sicher gleichwertig. Danken kann man situativ; man kann aber immer auch bestimmte Anlässe zum Danken nutzen (z. B. Text auf Geburtstags- und Weihnachtskarten, Ansprachen bei Feiern, Arbeitsgruppensitzungen). Nicht nur im persönlichen Austausch, sondern auch beim schriftlichen Austausch (z. B. E-Mail, Skype) kann man eine „Dank-Kultur" etablieren. Bezüglich des Dankens hat man als Arbeitsgruppenleiter*in sicherlich auch Vorbildfunktion. Und wenn erst mal eine „Dank-Kultur" an der Arbeitsgruppe etabliert ist, so kann diese relativ leicht aufrechterhalten werden und sehr stark zu einem positiven Arbeitsklima beitragen. Also: das Danken nicht vergessen!

Explizit sei hier auch noch der Dank an den*die Sekretär*in erwähnt – dies ist sehr wichtig, da an Universitäten im Sekretariat in aller Regel hoch professionelle und anspruchsvolle Arbeit geleistet wird. Zudem spielt das Sekretariat eine für die Arbeitsgruppe wirklich wichtige Rolle – man sollte es explizit in das Arbeitsgruppen-Geschehen so weit wie möglich integrieren (z. B. durch die Teilnahme an Retreats – zumindest zu ausgewählten inhaltlichen Punkten) – und dazu gehört auch der Dank.

Es ist manchmal wirklich erstaunlich, wie wenig an Universitäten auf den unterschiedlichen Ebenen gedankt wird. Insbesondere neue Professor*innen sollten diese Kultur nicht einfach übernehmen, sondern eine neue Kultur des Dankens an Universitäten schaffen.

42. Anreize schaffen! Anreize schaffen?

Zauberwort „Anreize" – das hört man sehr oft von den Ökonom*innen. Für die Leiter*innen von Arbeitsgruppen gibt es zahlreiche Möglichkeiten, Anreize zu schaffen. Zunächst muss man sich jedoch darüber im Klaren sein, (1) für welche Handlungen und Ergebnisse man überhaupt Anreize schaffen möchte – z. B. für Innovation, Kreativität, den Einsatz elaborierter statistischer Verfahren, Freundlichkeit, Qualität und Quantität der Publikationen, gute Lehre, internationale Orientierung oder die Pflege bzw. den Aufbau eines Forschungsnetzwerkes. Der zweite Schritt besteht darin, (2) sich darüber im Klaren zu sein, welche Anreize man schaffen möchte und welche man auch schaffen kann. Möglich sind finanzielle Anreize (z. B. Finanzierung einer Kongressreise), Lob (unter anderem öffentlich) oder personelle Unterstützung (z. B. Zuweisung von studentischen Hilfskräften). Es müssen (3) die Anreize auch klar dargestellt werden. Dies kann individuell (z. B. im Rahmen der Formulierung der Zielvereinbarungen) oder in der Gruppe passieren. Bei Personen, die promovieren oder sich habilitieren sind die Anreize ohnehin gegeben – eine gute Promotion bzw. Habilitation ist ein hoher Anreiz an sich. Dennoch können auch hier andere Anreize gegeben werden. Insbesondere für die Dauerstellen (z. B. Akademische*r Rätin*Rat) sind Anreize wichtig. Hier ein paar Beispiele, wie solche Anreize aussehen können:

- *Preis für innovative Forschung.* Wer ein innovatives Forschungsthema formuliert, bekommt eine frei wählbare Fortbildung finanziert.

- *Publikationspreis.* Bei Annahme eines Manuskripts mit einem Impact-Factor > 1.50 kann die Person für ein halbes Jahr eine studentische Hilfskraft mit 20 Stunden im Monat beschäftigen (die Höhe des Impact-Factors ist auch sehr vom Fach abhängig – in manchen Fächern spielen Impact-Faktoren eine geringere Rolle).

- *Lehr-Innovationspreis.* Für innovative Lehre (z. B. enge Kooperation mit anderen Instituten und dadurch hohen Praxisbezug) wird jährlich eine Kongressreise vollständig finanziert. Wer das überzeugendste Konzept vorlegt, erhält diesen Preis.

- *Lehr-Evaluationspreis.* Wer an der Arbeitsgruppe die beste Lehr-Evaluation hat, erhält einen Kinogutschein (natürlich nur möglich bei standardisierter Evaluation).

Dies sind nur ein paar kleine Beispiele. Letztlich müssen Arbeitsgruppenleiter*innen selbst entscheiden, ob und wie sie mit Anreizen arbeiten. Anreize motivieren extrinsisch – man sollte sich davor hüten, intrinsische Motivation durch extrinsische Anreize zu verringern. Das heißt: Anreizsysteme einzuführen sei wohlüberlegt. Und es ist auch zu bedenken, dass sie zu starkem Konkurrenzdenken in der Gruppe führen können. Hierzu auch eine kritische Anmerkung zur 1. Auflage dieses Buches: „Preise finde ich höchst problematisch, da die Auswahl der Preisträger*innen (evtl. noch mit schriftlich begründeten Vorschlägen und Gutachten) und die Verleihung viel Zeit kosten und sie gut geeignet sind, die intrinsische Motivation der Mitarbeiter*innen durch extrinsische Motivation zu ersetzen und damit zu zerstören".

43. Mit Mitarbeiter*innen über eigene Strategien sprechen

Sicherlich hat bei den Mitarbeiter*innen die Qualifikation in den Bereichen Forschung und Lehre absolute Priorität. Dennoch ist es empfehlenswert, sie zu einem gewissen Grad in strategische Überlegungen mit einzubeziehen, damit sie diesbezügliche Expertise im Hinblick auf ihre weitere Karriere erwerben. Zudem können sie natürlich wertvolle Perspektiven in anstehende Entscheidungen einbringen, die einen selbst betreffen. Es gibt beispielsweise folgende Möglichkeiten, das Thema „Strategie" aufzugreifen:

- *Strategische Überlegungen bezüglich der Besetzung neuer Stellen offenlegen* (z. B. inhaltliche Ausrichtung der Stelle im Hinblick auf Vernetzungsmöglichkeiten, keine zu starke und geringe Nähe zu bisherigen Forschungs- und Lehrprofilen, Persönlichkeit neuer Mitarbeiter*innen, Passung zur bisherigen Arbeitsgruppe, …).

- *Strategische Vorüberlegungen zu Sitzungen* (möglichst mit Zielvorstellungen in Sitzungen gehen, Antizipieren der Argumente der anderen, mögliche Reaktionen auf diese Argumente, Möglichkeiten der eigenen Positionierung, Vor- und Nachteile bestimmter Positionierungen, Sinnhaftigkeit und Notwendigkeit von Sitzungs-Vorgesprächen, Reflexion von Sitzungsabläufen und Ergebnissen, …).

- *Strategische Überlegungen bei der Definition der Forschungsschwerpunkte* (z. B. im Hinblick auf die Möglichkeit der Akquirierung von Drittmitteln, uni-internen Mitteln, „Publikationsfähigkeit" von Themen, zu erwartende Synergien in der Arbeitsgruppe, Realisierbarkeit, Profilbildung, …).

- *Strategische Überlegungen bezüglich der Außendarstellung der Gruppe* (Ressourcen, die in die Außendarstellung fließen, Sinnhaftigkeit einer lokalen Außendarstellung [z. B. regionale Presse], Stellungnahmen zu regionalen Ereignissen [z. B. bildungspolitische Fragen], Gewichtung eher grundlagenorientierter vs. eher praxisbezogener Forschung, …).

- *Strategische Überlegungen bezüglich der Reaktion auf Probleme* (z. B. „Ressourcenkämpfe" um Räume, Gelder, Stellen; problematische Gutachten [etwa Reaktion auf die Bitte, ein zusätzliches, unabhängiges Gutachten zu schreiben, da ein von einem*einer Kollegen*Kollegin verfasstes Gutachten angezweifelt wird], …).

- *Strategische Überlegungen bezüglich des Umgangs mit ethisch problematischen Verhaltensweisen* (z. B. bei starkem Egoismus, Lügen, AFM – s. unten, ...).

Man kann den Mitarbeiter*innen anbieten, sie mehr oder weniger in das „Strategieleben" einzuführen – d. h., hier kann individuelle Förderung entsprechend den Interessen stattfinden.

44. Kleine individuelle Aufmerksamkeiten

Für alle Mitglieder der Arbeitsgruppe ist es wichtig, dass sie als Individuen wahrgenommen werden. Im Folgenden werden ein paar diesbezügliche Aspekte genannt, auf die Sie bei der Leitung einer Arbeitsgruppe achten können:

- *Vor- und Nachnamen kennen!* Auch wenn die Arbeitsgruppen z. T. groß sind und es häufig Fluktuationen gibt (z. B. bei den Hilfskräften), sollte es selbstverständlich sein, dass man alle Namen kennt. In der Schweiz begrüßt man sich in der Regel derart, dass man immer den Vornamen der anderen Person nennt. In Deutschland ist dies eher ungewöhnlich; aber sich hin und wieder beim Namen zu nennen ist eine sehr schöne und wertschätzende Geste.

- *Alle Mitglieder der AG auf der Homepage nennen.* Alle Personen sollten auf der Homepage (bei Zustimmung auch mit Bild) namentlich erwähnt werden. Vor allem bei den Hilfskräften wird hier häufig „gespart" – und sicherlich ist es Arbeit, die Bilder und Texte stets zu aktualisieren. Aber es lohnt sich: Man fühlt sich einer Arbeitsgruppe viel stärker zugehörig, wenn man samt Bild auf der Homepage individuell aufgeführt ist.

- *Karten schreiben.* Geburtstage: Es ist sinnvoll, allen Mitarbeiter*innen (auch den Hilfskräften!) eine Geburtstagskarte zu schreiben. Das muss man nicht selbst machen; man kann z. B. das Sekretariat damit beauftragen. Und solche Karten sollten von allen Gruppenmitgliedern unterschrieben werden. Ein kleiner Aufwand, der sich lohnt: Alle freuen sich über eine nette Karte zum Geburtstag. Und ein kleines Geschenk sollte auch dabei sein. Sehr wenig aufwändig ist beispielsweise ein Gutschein für das Kino – solche Karten sollte man immer vorrätig haben. Empfehlenswert ist eine Struktur, bei welcher jeweils die betreuende Person sich um die Karten kümmert (z. B. Professor*innen → Habilitand*innen, Sekretariat; Habilitand*innen → Doktorand*innen; Doktorand*innen → Hilfskräfte). Bei besonderen Anlässen sind ebenfalls Karten, die von allen unterschrieben sein sollten, angesagt (z. B. bei Hochzeiten, Geburten, Trauerfällen). Weihnachten oder andere „Feste" sind immer eine gute Möglichkeit, Personen oder Institutionen eine Karte zukommen zu lassen. Dies ist stets eine schöne Geste. Hier eine Anmerkung zur 1. Auflage: „Nichts finde ich nerviger, als praktisch vollautomatische Geburtstagsglückwünsche". Dieser Aussage stimme ich völlig zu: Lieber weniger

Karten und kurze Texte, dafür aber individualisiert und originell. In der Tat ist es wirklich übel, wenn man an Weihnachten unzählige Standard-Weihnachtskarten bekommt – mit gedruckter Unterschrift und Adressaufklebern.

- *Individuelle Verdienste erwähnen.* Besondere „Verdienste" – hierzu zählt z. B., wenn ein Manuskript eingereicht oder bereits zur Publikation angenommen wurde oder ein Seminar besonders positiv bei der Evaluation abgeschnitten hat – können in der Gruppe (etwa bei Arbeitsgruppensitzungen) erwähnt werden (z. B. unter dem TOP „Besonders Erfreuliches"). So kann allen gezeigt werden, dass man individuelle Leistungen durchaus wahrnimmt und wertschätzt. Man sollte jedoch sehr darauf achten, dadurch keine allzu kompetitiven Strukturen zu etablieren – d. h. der inhaltliche Gewinn sollte immer vor der Person stehen.

- *Individuelle Tätigkeitsberichte.* Bei Arbeitsgruppensitzungen sollten alle berichten, womit sie sich derzeit beruflich beschäftigen – das zeigt das Interesse an jedem*jeder Einzelnen und ist überaus informativ für alle.

Oft sind es diese kleinen Dinge, die für eine angenehme Arbeitsatmosphäre sorgen. Mit relativ wenig Aufwand kann man hier viel erreichen.

45. Zuständigkeiten und Verantwortlichkeiten klar definieren

Können Mitarbeitende ihre Dienstreise formal vom Sekretariat abrechnen lassen – oder müssen sie das selbst machen? Können Mitarbeitende eine Projekt-Hilfskraft bitten, ihre Tabellen für die Dissertation zu formatieren? Wer ist dafür verantwortlich, wenn Dinge auf der Homepage veraltet sind?

Für die gesamte Arbeitsgruppe ist es von Vorteil, wenn klar definiert ist, wer für was zuständig ist. Dies kann zum einen allgemein definiert werden (z. B. ist der*die Sekretär*in dafür verantwortlich, dass die Infos auf der Homepage regelmäßig aktualisiert werden) und es kann in spezifischen Fällen definiert werden (z. B. ist für den Gast kommende Woche Mitarbeiter*in X zuständig). Klar definierte Zuständigkeiten geben Sicherheit und nehmen einem das unsichere Gefühl, evtl. etwas machen zu müssen, von dem man gar nicht weiß, ob man es tatsächlich machen muss. Und auch die Verantwortlichkeiten sollten klar definiert werden – diese hängen meist sehr stark mit den Zuständigkeiten zusammen; d. h. wer für etwas zuständig ist, ist in der Regel auch für die Zielerreichung verantwortlich. Es kann sein, dass zwei oder mehr Personen für etwas zuständig sind. Verantwortlich sollte aber immer nur eine Person für etwas sein, da es sonst zu einer Verantwortungsdiffusion kommen kann. Die verantwortliche Person koordiniert dann die Handlungen aller zuständigen Personen.

Wer ist nun für was zuständig, und wer ist für was verantwortlich? Dies kann von der Arbeitsgruppenleitung bestimmt und/oder mit der Gruppe diskutiert werden. Wichtig ist hierbei natürlich, dass die Aufgaben und Verantwortlichkeiten entsprechend spezifischer Kompetenzen verteilt werden und dass das Ganze fair ist (z. B. sollten hier die Anstellungsprozente und die Erfahrungen berücksichtigt werden). Die Zuständigkeiten und Verantwortlichkeiten gerecht zu verteilen, ist keine triviale Angelegenheit. Es muss auch immer wieder reflektiert werden, ob die Zuordnungen noch gerecht und angemessen sind. Und man hüte sich auch vor Überformalisierungen. Hier noch eine Warnung: Bei all dem guten Willen, gute Strukturen in einer Arbeitsgruppe aufzubauen, schießt man leicht über das Ziel hinaus. Überformalisierung kann bremsen und Dinge unnötig verkomplizieren. Das richtige Maß an Formalisierung zu finden ist sicherlich auch eine individuelle Entscheidung – ein „für alle eindeutig richtiges Ausmaß" gibt es nicht, aber gewiss einen Spielraum, den man weder nach oben noch nach unten überschreiten soll, weil man sich sonst in dem Bereich Chaos bzw. überformalisierte Strukturen befindet.

46. Informelle Treffen – immer eine Herausforderung

Bei informellen Treffen kann sehr viel besprochen werden – z. B. bei einem gemeinsamen Frühstück, beim gemeinsamen Essen (in der Mensa) oder einer Kaffeepause. Da solche Treffen oft entspannter und persönlicher sind als offizielle Sitzungen, muss man hier sehr auf der Hut sein, fair und objektiv zu handeln. Schnell sagt man in solchen Situationen mal etwas zu, weil die Stimmung gerade so gut war oder weil man das Thema gerade in diesem informellen Rahmen nicht zu groß ausweiten oder hinterfragen wollte. Manchmal bereut man Dinge, die man bei informellen Treffen gesagt hat. Man kann jederzeit sagen, dass man manches nicht jetzt, sondern eher bei der nächsten Sitzung behandeln möchte. Äußerst heikel ist es, etwas wieder zurückzunehmen, was man im Rahmen informeller Treffen zugesagt hat. Insgesamt kann es hilfreich sein, bei informellen Treffen prinzipiell keine Entscheidungen zu fällen, sondern sich eher auszutauschen. Der Vorteil solcher Treffen ist, dass man Personen in diesem Rahmen auch mal von einer anderen, etwas persönlicheren Seite kennenlernen kann. Und vielleicht wagt die eine oder andere Person, in solchen Situationen eher mal etwas anzusprechen, was sie bei offiziellen Treffen nicht gewagt hätte anzusprechen. Informelle Treffen sind somit sicher gut – sie bergen aber auch Gefahren.

47. Damit Arbeitsaufträge nicht im Sande verlaufen

Arbeitsaufträge sollten nicht nur so genau wie möglich definiert werden; es sollte immer auch definiert werden, bis wann sie erledigt werden müssen. Wird dies nicht gemacht, so verlaufen manche Dinge im Sand. Nun ist es vor allem bei großen Arbeitsgruppen kaum möglich (vielmehr: es wäre sehr aufwändig) alle Deadlines im Kopf zu haben bzw. alle Deadlines zu notieren.

Daher Regel 1: Deadlines sollten auf jeden Fall eingehalten werden, und alle gehen davon aus, dass sie eingehalten werden, sobald sie festgelegt sind.

Regel 2: Kann aus irgendeinem Grund eine Deadline nicht eingehalten werden, dann muss rechtzeitig Bescheid gegeben werden, (a) dass die Deadline nicht eingehalten werden kann, (b) warum sie nicht eingehalten werden konnte, (c) wie mit der Situation der Verschiebung der Deadline nun im Prozess umgegangen wird (z. B. andere Strategie, mehr Personen beteiligen, usw.) und (d) auf welchen Termin die Deadline nach hinten verschoben wird. Wenn rechtzeitig ein Signal gegeben wird, dass eine Deadline nicht eingehalten werden kann, dann kann man gemeinsam einen Plan entwickeln, der es evtl. doch noch ermöglicht, sie einzuhalten (falls es sich um sehr dringliche Dinge handelt).

Wenn man so vorgeht, kann man ab der Definition der Arbeitsaufträge und der Deadlines das Thema „abhaken", da man sich darauf verlassen kann, dass die Dinge fristgerecht erledigt werden bzw. man über veränderte Deadlines informiert wird, wenn es etwas länger dauert. Durch die Nennung der Gründe für die Verschiebungen der Deadlines kann man viel für zukünftige Arbeitsaufträge und Deadlines lernen (z. B. Unterschätzung der Dauer spezifischer Tätigkeiten). Bei den Arbeitsgruppentreffen kann man hin und wieder das Funktionieren der Regeln 1 und 2 thematisieren – aber eigentlich ist das eine einfache und wichtige Angelegenheit, bei der es im Allgemeinen nicht viel zu diskutieren gibt. Selbstverständlich sollten die Regeln nicht nur für die Mitarbeiter*innen gelten, sondern auch für einen selbst.

48. Phasen der Abwesenheit

Wenn Mitarbeiter*innen für längere Zeit nicht an der Arbeitsgruppe tätig sind (z. B. wenn sie in Elternzeit gehen, längeren Sonderurlaub nehmen, für längere Zeit an einer anderen Arbeitsgruppe Tätig sind – z. B. Auslandsaufenthalt), so ist es ratsam, solche Phasen gut zu planen. Sicher können je nach Dauer der Phasen und Situationsspezifika jeweils unterschiedliche Lösungen optimal sein. Daher hier ein paar grundsätzliche Überlegungen:

- *Gutes Fading-out.* Das Fading-out sollte so früh wie möglich geplant werden, sodass bestimmte Arbeiten (vor allem solche mit Deadlines) noch erledigt werden können bzw. Lösungen gefunden werden können, wie z. B. Termine mit möglichst geringem Schaden nach hinten verschoben werden können (z. B. Wiedereinreichung von Manuskripten). Für alle Beteiligten ist es befriedigend, wenn möglichst viele Dinge vor solchen Phasen abgeschlossen bzw. sinnvoll verschoben werden – und Zeitpläne können hierbei sehr hilfreich sein.

- *Übernahme von Verantwortungsbereichen klären.* Es sollte klar definiert werden, wer welche Verantwortungsbereiche der pausierenden Person übernimmt (z. B. Betreuung internationaler Gäste, Homepagebetreuung, ...). Allen sollte klar sein, dass durch das Pausieren zentrale Dinge nicht „auf Eis" liegen oder es zu Verantwortungsdiffusion kommt.

- *Gespräch am letzten Arbeitstag.* Ein Gespräch am letzten Arbeitstag (evtl. im Rahmen eines Treffens mit der gesamten Arbeitsgruppe – noch besser mit Kaffee und Kuchen [oder Obst und Tee]) kann sehr hilfreich sein, um die neue Phase offiziell zu beginnen.

- *Kontakt halten.* Während der Phase der Abwesenheit kann in Absprache ein gewisser Informationsfluss stattfinden, sodass die Zugehörigkeit zur Arbeitsgruppe weiter klar gegeben ist. Dadurch kann verhindert werden, dass sich Mitarbeiter*innen in solchen Phasen ausgeschlossen fühlen. Dies kann etwa dadurch geschehen, dass Protokolle von Arbeitssitzungen oder monatliche Info-Mails verschickt werden. In Absprache kann auch z. B. einmal pro Monat oder alle zwei Monate eine Teilnahme an einem Arbeitsgruppentreffen stattfinden (evtl. auch im Rahmen einer Telefon-Konferenzschaltung oder einer Video-Sitzung).

- *Gutes Fading-in.* Auch das Fading-in sollte gut geplant werden. Am Anfang kann ein Info-Gespräch stehen, in welchem die Entwicklungen während der Phase der Abwesenheit skizziert werden, sodass alle wieder auf demselben Informationsstand sind (evtl. auch mit abschließendem Kaffee und Kuchen [oder Obst und Tee!]). Es kann eine Prioritätenliste erstellt werden, sodass klar ersichtlich ist, mit welchen Tätigkeiten begonnen werden sollte. Eine solche Liste ist in der Regel sehr hilfreich für den Start.

Insgesamt geht es darum, Phasen, in welchen man nicht aktiv in der Arbeitsgruppe tätig ist, so zu gestalten, dass diese gut eingeleitet werden und der Wiedereinstieg gut geplant wird. Zudem ist es wichtig, in diesen Phasen einen gewissen Kontakt aufrecht zu erhalten – dieser kann in Absprache mehr oder weniger stark ausgeprägt sein.

49. Wenn Zielvereinbarungen nicht eingehalten werden

Zielvereinbarungen sollten auch an Universitäten Standard sein – sie sind es allerdings (noch) nicht. Auch hier gibt es sicherlich Unterschiede in den einzelnen Fächern, und bei manchen Promotionsvorhaben sind Zielvereinbarungen teilweise schwierig zu formulieren (z. B. bei experimentellen Studien, bei welchen je nach Ergebnissen ein Experiment oft die inhaltlichen und methodischen Weichen für weitere Experimente stellt). Aber generell sind Zielvereinbarungen – wie detailliert auch immer – wichtig, weil sie den Mitarbeiter*innen Klarheit geben, was von ihnen erwartet wird. Und sie können die Grundlage für regelmäßige, z. B. jährliche, Feedbackgespräche sein. Gerade in der Anfangsphase können Feedbackgespräche auch in relativ geringen Abständen erfolgen – z. B. das erste Mal bereits nach einem halben Jahr. So kann gegebenenfalls rechtzeitig etwas modifiziert werden. Zielvereinbarungen können/sollen auf Stellenprofilen aufbauen, die sich z. T. schon in Ausschreibungstexten finden, in der Regel aber deutlich detaillierter sind als Ausschreibungstexte und eine gute Grundlage für Zielvereinbarungen darstellen – hier geht es um das Ziel, unter anderem dem Stellenprofil gerecht zu werden. Für beide Seiten ist es unangenehm, wenn Zielvereinbarungen nicht eingehalten werden. Zunächst ist es hier wichtig, dass die Form bewahrt wird. Das heißt, Mitarbeiter*innen sollten auf jeden Fall so früh wie möglich Bescheid geben, wenn sich abzeichnet, dass vereinbarte und schriftlich festgehaltene Ziele, unter die man auch eine Unterschrift gesetzt hat, nicht eingehalten werden. Man kann die betreffende Person dann evtl. unterstützen, sodass die Ziele möglicherweise doch noch eingehalten werden können. Oder man verschiebt Deadlines nach hinten – aber realistisch weit nach hinten, sodass die neuen Ziele auch eingehalten werden können.

Problematischer ist es dann, wenn Ziele einfach nicht eingehalten werden und man diesbezüglich auch nicht informiert wird. Das ist keine Kleinigkeit – hier ist etwas Grundlegendes schiefgelaufen. Zunächst sollte auf jeden Fall in einem Gespräch das Nicht-Informieren angesprochen werden. Es ist eine Frage von Vertrauen, Höflichkeit und Wertschätzung, dass man sich rechtzeitig meldet, wenn Ziele nicht eingehalten werden können. Auf jeden Fall sollten auch die Gründe für das Sich-nicht-Melden und das Nicht-Erreichen der Ziele angesprochen werden und es sollte auf jeden Fall klar gemacht werden, dass es in Zukunft anders laufen muss.

Überaus problematisch wird es dann, wenn mehrmals Zielvereinbarungen nicht eingehalten werden und man sich auch nicht rechtzeitig meldet. Wenn trotz Absprachen mehrmals Ziele nicht eingehalten wurden, noch dazu evtl. nicht rechtzeitig Bescheid gegeben wurde, dann ist ein Krisengespräch anzusetzen. Dies wäre auch ein Grund für eine Abmahnung – auch wenn dies eine wirklich unschöne Sache ist, so sind Abmahnungen doch sehr klare Signale, und oft führen sie zu anderem Verhalten. Oder man kann in diesem Fall durchaus auch ansprechen, ob die gewählte berufliche Tätigkeit die wirklich richtige für diese Person ist. Durch einen Wechsel kann man sich unter Umständen Jahre unbefriedigender Zusammenarbeit sparen – und dies gilt für beide Seiten gleichermaßen.

Insgesamt sind Zielvereinbarungen sehr ernst zu nehmen. Sie gehen mit Aufwand einher und sie nicht ernst zu nehmen würde Ressourcenverschwendung bedeuten und signalisieren, dass formale Vereinbarungen keine große Bedeutung haben. Und dies sollte auf keinen Fall passieren.

Manche sehen Zielvereinbarungen jedoch auch als (sehr) problematisch. Hier ein entsprechender Kommentar zur 1. Auflage des Buches, dem ich nicht zustimme, da es bei den Zielvereinbarungen immer auf das „Wie" und die dahinterliegenden Motive ankommt, die sicherlich redlich und im Sinne einer optimalen und unterstützenden Förderung sein können: „Zielvereinbarungen. Bei dem Wort kommt mir das Grausen. Das sind entweder Dokumente, die lebhafter Fantasie entsprungen sind und nachher sowieso nicht eingehalten werden können, oder sie sind einfach nur Mittel, um Mitarbeiter*innen unter Druck zu setzen. Solche Vereinbarungen können nur dort sinnvoll sein, wo keine intrinsische Motivation vorhanden ist, und da ist aus unserer Mathematiker*innen-Sicht sowieso schon Hopfen und Malz verloren. Ich denke, dass Zielvereinbarungen das Instrument des New Public Management sein werden, die die Wissenschaft an den Rand des Abgrunds führen werden." Meines Erachtens sind Ziele und Zielvereinbarungen jedoch sehr wichtig und hilfreich, da sie Halt und eine Ausrichtung geben – inhaltlich und zeitlich.

50. Wie beim Chor – alle paar Jahre eine neue Arbeitsgruppe

Je nach Chor, gibt es hier immer wieder Wechsel bei den Sängerinnen und Sängern. Wer z.B. schon einmal einen Knabenchor geleitet hat, der weiß ein Lied davon zu singen, was es bedeutet, alle paar Jahre einen völlig anderen Chor vor sich zu haben. Kaum haben sich die Neuen aufgrund unzähliger Stimmbildungsübungen gut in das Klangbild des Chores eingefügt und sind in der Lage, selbst sehr schwierige Stücke zu singen, treten sie wieder aus – weil sie, im Falle des Knabenchors, in den Stimmbruch kommen. Und immer wieder beginnt die Arbeit von vorn. Das Schöne dabei ist, dass sich der Chor sukzessive „erneuert", die Klangkultur jedoch erhalten und sogar verbessert werden kann. Es ist sehr beeindruckend, dass z.B. Knabenchöre über Jahrzehnte hinweg ihr unverkennbares Klangbild beibehalten könnten.

An unseren Universitäten ist die Situation sehr ähnlich – sie funktionieren häufig wie „Durchlauferhitzer". Da sind die Doktorand*innen endlich so weit, selbständig forschen, publizieren und gute Lehrveranstaltungen durchführen zu können, sie sind in ein internationales Forschungsnetzwerk integriert, könnten Drittmittel sehr gut einwerben, haben noch Manuskripte mit dem Status „Revise and Resubmit" in der Pipeline, sind höchst geeignet für eine universitäre Karriere – und sind „einfach mal weg" – häufig für immer. Bei den Habilitand*innen ist die Situation sehr ähnlich, wenngleich die Wechsel hier in der Regel weniger oft stattfinden. Hier zwei diesbezügliche Tipps:

- *Wechsel auch schätzen.* Wechsel haben auch positive Seiten: Es kommen wieder neue Personen mit neuen Ideen und neuem Wissen. Neue Mitarbeiter*innen können inspirierend für die gesamte Arbeitsgruppe sein.

- *Förderung je nach Karriereplan?* Man muss entscheiden, ob man Personen, die eine wissenschaftliche Karriere einschlagen möchten, anders fördert als solche, die das nicht anstreben. Man investiert in diese Personen und aus Effektivitätsgründen erscheint es zunächst sinnvoller, die Ressourcen entsprechend zu verteilen (z. B. Netzwerkaufbau im Rahmen von Kongressen). Allerdings kommt es natürlich immer wieder vor, dass Ziele sich ändern und Doktorand*innen, die eine Uni-Laufbahn zunächst nicht in Erwägung gezogen hatten, sich z. B. später doch habilitieren möchten. Ob man je nach Langzeitperspektive unterschiedlich fördern sollte, ist eine sehr schwierige Frage, die man von Fall zu Fall entscheiden muss. Und man sollte nicht vergessen, dass einige Personen auch wieder an die Universität zurückkommen – beispielsweise nachdem sie für ein paar Jahre in einem Wirtschaftsunternehmen gearbeitet haben (allerdings zeigt die Erfahrung, dass dies nicht sehr häufig passiert). Für Mitarbeiter*innen ist es sicherlich hilfreich, wenn im Rahmen einer Arbeitsgruppensitzung das Thema wissenschaftliche vs. nicht-wissenschaftliche Langzeitperspektive angesprochen wird. Personen, die „nur" promovieren möchten, könnten sich z. B. benachteiligt fühlen – im Vergleich zu jenen Personen, die klar behaupten, längerfristig eine wissenschaftliche Karriere einschlagen zu wollen.

Insgesamt geht es darum, aus dem ohnehin gegebenen permanenten Wechsel das Beste zu machen. Jammern nützt hier gar nichts – wenngleich die „Chance des Neuen" häufig ein schwacher Trost ist, wenn sehr gute Nachwuchswissenschaftler*innen die Arbeitsgruppe verlassen. Aber, wie beim Chor, kann man trotz der Wechsel an der Arbeitsgruppe ein stabiles gutes „Klangbild" schaffen.

51. Gelder für die Teambildung

Ein Problem an Universitäten besteht oft darin, dass man entweder kein Geld für Teambildungsmaßnahmen hat oder vorhandenes Geld (z. B. Haushaltsmittel) nicht für diesen Zweck einsetzen darf. Beispielsweise ist es nur schwer möglich, Kinokarten (z. B. als Geburtstagsgeschenk) über Uni-Mittel zu kaufen. Steuergelder dürfen für solche Zwecke in der Regel nicht verwendet werden (z. B. auch nicht für den Kauf einer – die Kommunikation fördernden – Kaffeemaschine [oder Teemaschine]). Wie kommt man nun an entsprechendes Geld heran?

Hier ein paar Tipps:

- *Berufungs- und Bleibeverhandlungen nutzen.* Man kann im Rahmen von Berufungs- und Bleibeverhandlungen diesen Punkt offensiv vertreten und offenlegen, dass man einen (sehr kleinen) Teil der Gelder (Ausmaß kann definiert werden) „unkonventionell" verwenden möchte. Die Haushaltsabteilung kann sie z. B. unter der Rubrik „Teamentwicklung" verbuchen oder eine andere kreative Lösung finden.

- *Gespräch mit der Haushaltsabteilung führen.* Man kann mit der Haushaltsabteilung sprechen und Wege suchen, wie man diese Posten deklarieren könnte, damit die entsprechenden Gelder regulär abgerechnet werden können. Ideal wäre es natürlich, wenn eine einheitliche, uni-interne (oder übergreifende) Lösung gefunden werden könnte (z. B. „Mittel für Teambildungsmaßnahmen").

- *Private Finanzierung erwägen.* Wenn es gar keine Finanzierungsmöglichkeit durch die Universität gibt, dann kann man kleinere Beträge einfach aus der eigenen Tasche bezahlen.

- *Spezielle Mittel einwerben.* Man kann versuchen, bei extern eingeworbenen Mitteln (z. B. bei Stiftungen, Wirtschaftsunternehmen, ...) einen entsprechenden Posten aufzuführen. Dies ist sicherlich ungewöhnlich, aber auf jeden Fall einen Versuch wert.

- *Manche Mittel als „Teamentwicklungsgelder" definieren.* Man bekommt z. T. bei Vorträgen, Workshops usw. als Gegenleistung Mittel für die Arbeitsgruppe. Diese kann man in Absprache mit der zahlenden Institution explizit als „Teamentwicklungsgelder" deklarieren.

In Zukunft wird es hoffentlich selbstverständlich werden, dass man für den Aufbau einer Arbeitsgruppe und deren „Pflege" Gelder benötigt – die Beträge sind in der Regel nicht allzu groß, der Gewinn kann bei effektivem Einsatz jedoch beträchtlich sein.

TIPPS FÜR AUFBAUENDE PROFESSOR*INNEN

In diesem Teil geht es, wie bereits im Vorwort erwähnt, primär um den Aufbau neuer Strukturen innerhalb einer Universität (oder vergleichbarer Einrichtungen) – wie beispielsweise von neuen Instituten, neuen Fakultäten, zentralen wissenschaftlichen Einrichtungen, Graduiertenschulen usw. Diesen Dingen widmet man sich in der Regel nicht gleich zu Beginn der Tätigkeiten als Professor*in – am Anfang ist man meist vor allem mit dem Aufbau der eigenen Arbeitsgruppe und der Initiierung von Forschungs- und Lehrtätigkeiten beschäftigt. Im ersten Block dieses Teils werden konstruktive Hinweise gegeben; im zweiten Block führe ich einige in gewissem Maße üble Strategien auf, die man nicht anwenden, jedoch kennen sollte, um gegebenenfalls rechtzeitig und entsprechend reagieren zu können.

Kommunikation und Information beim Aufbau

52. Kommunikation, Kommunikation, Kommunikation

Ja, ich weiß, man kann es in der Tat kaum mehr hören: Aus allen Ecken tönt es, wie wichtig die Kommunikation sei. Aber dennoch steht sie auch bewusst ganz am Anfang des zweiten Teils dieses kleinen Buches. Für einen gelingenden Aufbau an der Universität oder auch in anderen Einrichtungen, ist eine umfangreiche Kommunikation tatsächlich zentral. Das habe ich persönlich sehr, sehr oft erlebt. Und hier geht es natürlich zum einen um die Qualität der Kommunikation, die man ohnehin permanent verbessern kann, zum anderen aber schlichtweg um das Ausmaß. Häufig kommt bei Aufbaumaßnahmen Gegenwind von jenen, die sich nicht einbezogen fühlen (bzw. tatsächlich nicht einbezogen wurden), eben von jenen, mit denen nicht gesprochen wurde. Kommunikation ist zeitaufwändig und manchmal durchaus auch anstrengend. Häufig kommt es zu langen Gesprächen, obwohl die zentralen Inhalte auch innerhalb kürzester Zeit ausgesprochen werden könnten – aber das Gespräch an sich mit all seinen Facetten, Zwischentönen und Sub-Texten ist nun mal wichtig. Was bei Ratgebern zur Kommunikation häufig nicht angesprochen wird, ist der äußere Rahmen eines Gesprächs, der aber auch von großer Bedeutung ist. Hier ein paar diesbezügliche Tipps:

- *Lockerer Rahmen – falls angemessen.* Ein formal lockerer Rahmen erleichtert häufig vertrauensvolle Gespräche – so kann, je nach Beziehung, das Treffen bei einem gemeinsamen Kaffee/Tee, einem Mittagessen in der Mensa oder in einem Restaurant oder gar bei einem Abendessen stattfinden. Die zentralen Entwicklungsgespräche finden sehr häufig nicht in Sitzungen oder im Rahmen formaler Treffen satt. Außerhalb der Büros und Besprechungsräume können Gespräche manchmal deutlich konstruktiver und von größerer Kreativität geprägt ablaufen. Dass die entscheidenden Gespräche in Cafés stattfinden gilt nicht nur für den universitären Kontext – auch in Politik und Wirtschaft ist das z. B. sehr oft der Fall.

- *Keine Telefonüberrumpelung.* Telefongespräche sind in der Regel kürzer und dann zu bevorzugen, wenn man wenig Zeit hat (was meistens der Fall ist), aber dennoch in einen persönlichen Austausch kommen möchte. Hier ist es immer gut, vorab einen Termin zu vereinbaren – einfach mal anzurufen ist häufig problematisch, da andere evtl. gerade in einer Gedankenwelt verhaftet sind und sich nicht auf das Gespräch einstellen können. Es kann sehr überrumpelnd wirken, ohne Vorankündigung anzurufen – insbesondere, wenn wichtige Dinge besprochen werden sollten. Zumindest sollte man in einem solchen Fall fragen, ob es gerade passend ist oder das Gespräch besser zu einem späteren Zeitpunkt stattfinden soll.

- *Vorsicht bei schriftlicher Kommunikation.* Mails und andere schriftliche elektronische Kommunikationsmittel sind sicherlich ebenfalls geeignet, jedoch relativ unpersönlich – für ein wirklich wertschätzendes Agieren sind persönliche Treffen oder zumindest Telefongespräche in der Regel zu bevorzugen. Insbesondere heikle oder vertrauliche Dinge sollten auf jeden Fall mündlich besprochen werden. Erfahrungsgemäß kann eine schriftliche Kommunikation bei heiklen Angelegenheiten zu vielen Problemen führen, z. B. weil man ein mögliches Unbehagen bei der anderen Person bezüglich eines Themas nicht direkt wahrnehmen kann und daher keine Möglichkeit hat, direkt darauf zu reagieren. Viele Probleme bei der Aufbauarbeit entstehen durch unangebrachte schriftliche Kommunikation.

Nicht immer geht es bei der Kommunikation um wirklich zu besprechende Inhalte. Sehr häufig steht das Kontakthalten im Mittelpunkt und das Aufrechterhalten einer vertrauensvollen Beziehung. Bei Treffen, welche die primäre Intention haben die Beziehung zu pflegen, werden projektbezogene Inhalte oft nur am Rande thematisiert. Solche Gespräche, da sie ja nun mal zeitaufwändig sind, können für einen generellen, interessanten Austausch genutzt werden. Anders ausgedrückt: Wenn man sie schon führen muss, dann sollten sie für einen auch interessant und inspirierend sein. Insbesondere an der Universität ist es höchst spannend, sich mit Kolleg*innen über ihre Forschung auszutauschen – oft erfährt man hier etwas zu Themen, mit denen man sich zuvor nie beschäftigt hat (z. B. dass es noch immer unklar ist, ob Glas ein Feststoff oder eine Flüssigkeit ist; wie Bienen Blütendüfte wahrnehmen; wie man mit Laser Weltraumschrott verglühen lassen kann; wie Nudging in der Politik eingesetzt wird; wie das antike Rom mit Wasser versorgt wurde und ob man bei Entscheidungen eher dem Verstand oder dem Bauch vertrauen sollte). Durch die inhaltlich große Diversität an Universitäten bietet sich hier eine wirklich große

Chance, wie man sie an kaum einer anderen Institution auch nur in vergleichbarem Maße findet. Es ist manchmal durchaus erstaunlich, wie sehr die Themen Strukturen und Personal die Gespräche an der Universität prägen, obwohl gerade ein Austausch über Forschungs- und Lehrinhalte über Fächer hinweg überaus spannend sein kann. Insbesondere für aufbauende Professor*innen, die ohnehin in der Regel mit vielen Personen außerhalb des eigenen Fachs zu tun haben, ergeben sich hier ausgezeichnete Gelegenheiten.

53. Kommunikationslogistik

Als wirkliche Herausforderung ist bei jeglicher Aufbau-Arbeit an Universitäten die Kommunikationslogistik zu bezeichnen. Anders ausgedrückt geht es um die Frage: In welcher Reihenfolge spreche ich mit den relevanten und betroffenen Personen? Steht das Rektorat an erster Stelle, dann tönt es oft von „unten": „Musste das Ganze wirklich sofort an die große Glocke gehängt werden?" oder „Immer diese Top-Down-Versuche" oder „Immer diese Überrumpelungsversuche durch die Erstkommunikation mit dem Rektorat". Das erzeugt nicht selten Reaktanz und bremst viele Prozesse aus – oft ganz unabhängig von den Inhalten: Hier geht es um Prinzipien, das Einhalten einer scheinbar selbstverständlichen Bottom-Up-Reihenfolge in der Kommunikation und, im weitesten Sinne, um Fragen von Wertschätzung und Anstand – aber nicht selten auch um Eitelkeiten. Wählt man den Weg von unten, wird dies von wiederum anderen Personen als falsch gesehen. Dann tönt von „oben": „Warum sind Sie mit einer so wichtigen Angelegenheit nicht erst zu uns gekommen?" oder „Letztlich wird ja das Rektorat entscheiden und wenn wir es definitiv für nicht gewollt erachten, dann kann man sich den ganzen Wirbel auch sparen". Persönlich habe ich dieses Problem oft thematisiert und verschiedene Personen auf verschiedenen Ebenen gefragt, welches Vorgehen denn hier das „richtige" sei. Die Antworten waren fast immer dieselben und in folgendem Stil: „Hier gibt es kein richtiges Vorgehen, das wird immer zu Problemen führen". Selbstverständlich hilft einem das nicht weiter. Wirklich lösen lässt sich das Problem der Kommunikationslogistik wohl tatsächlich nur schwer. Neben einer entspannten inneren Haltung können jedoch durch eine wohl überlegte Kommunikation einige Hürden abgebaut werden:

- *Oben informell ausloten.* Vorab informelle Gespräche mit dem Rektorat bzw. dem Präsidium führen und um Vertraulichkeit bitten: So kann man ausloten, ob es überhaupt sinnvoll ist, auf der mittleren oder unteren Ebene etwas aufzugleisen. Dies ist effektiv, aber nicht transparent. Im Sinne der Abwendung eines möglichen größeren, durch transparente, jedoch immer falsche Kommunikationslogistik evtl. entstehenden Schadens ist dieses Vorgehen jedoch durchaus möglich und vertretbar.

- *Unten und in der Mitte informell und vertraulich ausloten.* Informelle Gespräche mit Vertreter*innen der unteren und/oder mittleren Ebenen führen und um Vertraulichkeit bitten: So kann man ausloten, ob es sinnvoll ist, das Thema auf höchster Ebene anzusprechen. Auch das ist effektiv und nicht transparent – aus dem zuvor genannten Grund jedoch auch vertretbar.

- *Bei den Betroffenen ausloten.* Ein gemeinsames Gespräch mit Vertreter*innen der zentralen betroffenen Ebenen führen: Ein solches Vorgehen ist höchst transparent, platziert das Thema allerdings bereits sehr breit und nimmt die Zeit von relativ vielen Personen in Anspruch, was jedoch evtl. gar nicht nötig gewesen wäre, hätte man vorab gewusst, dass es auf einer bestimmte Ebene bereits undenkbar ist.

- *Schnell sein.* Die Gespräche auf unterschiedlichen Ebenen so schnell wie möglich hintereinander führen und sehr transparent kommunizieren, welche Gespräche bereits stattgefunden haben: Dies löst zwar das Reihenfolgeproblem nicht, minimiert aber potenzielle Irritationen und Beschwerden.

- *Problem der Kommunikationslogistik thematisieren.* Schon zu Beginn einer Aufbauarbeit die Problematik der Kommunikationslogistik mit den einzelnen Ebenen besprechen und ein prinzipielles, d. h. nicht mit Inhalten bestücktes Vorgehen entwickeln: Dies verdeutlicht, dass ein entsprechendes Problembewusstsein und der Wille für ein gutes Kommunikationsverhalten vorhanden sind. Nach einem gemeinsamen Beschluss zur prinzipiellen Vorgehensweise fühlen sich einzelne Ebenen und Personen nicht übergangen.

Je nach strukturellen Spezifika kann es an Universitäten sicherlich noch andere empfehlenswerte Lösungen des Problems der Kommunikationslogistik geben. Für aufbauende Professor*innen ist es aber ungemein wichtig zu antizipieren, dass die Kommunikationslogistik ein potenziell großes Konfliktfeld darstellt – es kann wirklich anstrengend werden und an die Nerven gehen. Und für die Bau-Aufsicht (z. B. Rektorat, Fakultätsleitung) ist es wichtig, vor diesem Hintergrund auch Verständnis dafür zu zeigen, dass man bei der Kommunikation nicht immer auf Platz 1 sein kann und dies kein Übergehen oder keinen Indikator für geringe Wertschätzung bedeutet – ganz im Gegenteil, es kann wertschätzend sein, keine evtl. unnötigen zeitlichen Ressourcen einzufordern.

54. Informationslogistik und -medium

Die Probleme und ihre potenziellen Lösungen bezüglich der Informationslogistik sind sehr vergleichbar mit jenen der Kommunikationslogistik. Es gibt zwischen Kommunikation und Information generell zahlreiche Überschneidungen, da Informationsweitergabe immer auch Kommunikation bedeutet. In diesem Abschnitt geht es jedoch um Informationsweitergabe im Sinne einer One-way-Kommunikation. Bei der Information kommt hinzu, dass deren Weitergabe immer mit Macht in Verbindung steht. In der Sozialpsychologie spricht man z. B. von Informationsmacht. Zum einen sind jene, welche Informationen zur Weitergabe zur Verfügung haben, mächtig – sie können entscheiden, wer wann warum wie informiert wird; zum anderen erwarten formal Hierarchie-Mächtige, stets ganz oben auf der Info-Liste zu stehen.

Durch diese mehr oder weniger expliziten Machtstrukturen ist es überaus wichtig, bei der Weitergabe von Informationen sehr sensibel vorzugehen und die Hierarchien einer Universität zu berücksichtigen, die oft scheinbar sehr flach sind, in solchen Dingen jedoch durchaus eine wichtige Rolle spielen und bei falschem Vorgehen große Irritationen hervorrufen können. Häufig ist es eine gute Strategie, Informationen so früh und so breit wie möglich zu streuen, da dies die Transparenz fördert und keine (unnötigen) Informationshierarchien etabliert. Eine Herausforderung ist es hierbei, nichts allzu Vorläufiges zu kommunizieren, da ständig modifizierte Informationen verständlicherweise zu Chaos und Unmut führen und die Informierenden als wankelmütig und entscheidungsunsicher erscheinen lassen. Sehr spät zu informieren, d. h. dann, wenn zentrale Weichen bereits gestellt wurden, ist ebenfalls ungünstig, da andere sich hier vor vollendete Tatsachen gestellt fühlen. Das heißt der Zeitpunkt der Information sollte sehr bewusst und situationsabhängig gewählt werden.

„The Medium is the Message" – dies ist ein bekannter Satz des Medienwissenschaftlers Marshall McLuhan. Die Wahl des geeigneten Mediums ist generell eine wichtige Entscheidung in Informationsprozessen. Hier ein paar diesbezügliche Tipps:

- *Persönliches Gespräch*: Dies ist ratsam bei äußerst wichtigen Dingen oder wenn die zu adressierende Person besonders von der Information betroffen ist (z. B. Beförderungs- oder Kündigungsgespräch). Es ist auch ein Zeichen der Wertschätzung, sich für jemanden individuell Zeit zu nehmen – d. h. wenn ein diesbezügliches Signal gesetzt werden möchte, ist das persönliche Gespräch sehr empfehlenswert. Hier gibt es verschiedene Varianten: ein persönliches Treffen oder ein Gespräch via Telefon, Skype, Facetime, …

- *Schreiben in Papierversion*: Im Zeitalter digitaler Kommunikation sticht die Papierversion heraus und verleiht der Botschaft ein besonderes Gewicht. Bei sehr wichtigen Dingen, wenn sie nicht einen zu großen Kreis betreffen, sind Papierversionen das Kommunikationsmittel der Wahl.

- *Offizielles Schreiben als PDF-Dokument*: Relativ gewichtig wirken auch offizielle, als PDF-Dokument via E-Mail versendete Schreiben mit persönlicher Unterschrift.

- *E-Mails*: Sie sind bezüglich des Mediums wenig förmlich und eine via E-Mail versendete Information wirkt weniger gewichtig als eine über die oben genannten Medien weitergegebene Information.

- *WhatsApp, Snapchat, Instagram und Ähnliches*: Schnelle Informationsweitergabe auf eine sehr informelle Art und Weise kann über solche Medien erfolgen.

Selbstverständlich kann man auch Banalitäten via persönlichem Gespräch oder anhand eines Schreibens in Papierversion weitergeben und in E-Mails persönlich höchst relevante Inhalte packen – eine Passung von Inhalt und Medium sollte jedoch gegeben sein und Nicht-Passungen können irritieren, wenngleich sicherlich die Sensibilitätsvarianz und die Toleranz bei diesem Thema über die Adressat*innen hinweg sehr groß sind. Professionell und eindrücklich ist es allemal, das Medium jeweils adäquat zu wählen.

55. Die Bedeutung von TOPs

Es ist empfehlenswert, mit einer TOP-Liste zu Besprechungen zu kommen – entweder zur Vorlage an alle, oder lediglich als Anhaltspunkt für einen selbst. Sich die Regel zu eigen zu machen, grundsätzlich mit TOP-Listen zu Besprechungen zu gehen, ist ein im Grunde sehr einfacher Tipp, den man sofort umsetzen kann, und der, so zumindest meiner Erfahrung nach, überaus hilfreich ist – in Aufbauphasen, die ohnehin von Planungen geprägt sind, aber auch generell.

Hier ein paar Gründe, warum solche Listen wirklich hilfreich sind:

- *Sie optimieren Inhalt und Struktur.* Das Erstellen einer TOP-Liste motiviert bzw. zwingt dazu, sich vorab Gedanken im Hinblick auf die zu behandelnden Themen und deren Reihenfolge zu machen. Während dieses Prozesses entwickeln sich oft noch weitere Punkte oder zunächst angedachte Aspekte fallen weg, weil sie z. B. nicht mehr in das Gesamtkonzept der Sitzung passen würden.

- *Sie signalisieren Wertschätzung.* Das Vorlegen einer TOP-Liste verdeutlicht, dass die Sitzung bzw. das Gespräch vorbereitet wurde – bezüglich Inhalte und Struktur. Dies ist ein Zeichen der Wertschätzung gegenüber allen Teilnehmenden, da dadurch die Sitzungszeit optimal genutzt werden kann. Es spricht sich auch herum, wenn im Aufbau-Team konsequent TOP-Listen verwendet werden – dies erhöht in der Regel die Chancen, dass Personen die Gesprächsangebote oder Sitzungseinladungen annehmen – eben, weil sie keinen Zeitdieben anheimfallen.

- *Sie geben Sicherheit.* Eine TOP-Liste kann allen Sicherheit im Gespräch geben, da Inhalte und Strukturen vorab feststehen, auch wenn diese gewiss im Prozess noch modifiziert werden können.

- *Sie sind eine Protokoll-Basis.* Die TOP-Liste kann als Basis für ein Protokoll verwendet werden – schon während der Sitzung können individuell auch Notizen zu den TOPs gemacht werden.

- *Sie schaffen einen roten Faden.* Die alten TOP-Listen können zur Vorbereitung anstehender Gespräche dienen – so ist es möglich, auf den Inhalten des letzten Gesprächs effektiv aufzubauen.

- *Sie sind ökonomisch.* Erfahrungsgemäß lohnt es sich aus zeitökonomischer Perspektive in TOP-Listen zu investieren. Fünf Minuten Investition führen häufig dazu, dass Gespräche und Sitzungen um deutlich mehr als diese paar Minuten verkürzt werden können.

Die TOP-Listen können auf unterschiedliche Art und Weise erstellt und kommuniziert werden. Exemplarisch sind hier ein paar Möglichkeiten genannt:

- *Kurzfristige mentale Liste.* Noch auf dem Weg zu einem Gespräch oder sehr kurz davor kann eine „innere", d. h. rein mentale TOP-Liste zusammengestellt und dann mündlich vorgeschlagen werden.

- *Ausdrucke.* Am häufigsten werden sicherlich ausgedruckte Listen mitgebracht.

- *Digitale Notizen.* Für die eigene Strukturierung und Verwaltung sind digitale Notizen gut geeignet. Es gibt eine ganze Reihe sehr guter Notiz-Apps.

- *Digitale Präsentationen.* In Besprechungsräumen können TOPs auch in digitaler Version über einen Monitor oder einen Beamer präsentiert werden – viele Räume verfügen auch über Visualizer, die sehr bequem benutzt werden können.

- *Vorab-Versand.* TOP-Listen vorab an alle zu versenden ist in der Regel sehr empfehlenswert – so können sich alle Beteiligten entsprechend vorbereiten und werden inhaltlich schon frühzeitig mit ins Boot geholt. Beim Versand der TOP-Listen kann auch dazu aufgefordert werden, sich Gedanken im Hinblick auf eine mögliche Erweiterung bzw. Modifikation der Liste zu machen.

Eine kleine Gefahr bei den TOP-Listen besteht darin, dass man es evtl. übertreibt und ein gewisser Zwang daraus wird – z. B. wenn man anfängt, sich immer auch bei privaten Treffen vorher eine mentale TOP-Liste zurechtzulegen. Manchmal kann selbst dies hilfreich sein – aber ab und an kann es auch die Spontaneität rauben.

56. Das milde Licht der Langfristigkeit

Geradezu grell kann es wirken, wenn Dinge übers Knie gebrochen werden – Langfristigkeit hingegen hüllt alles in ein mildes Licht. Sicherlich öffnen sich manchmal auch unerwartete und kurze Zeitfenster, die zu schnellem Handeln nötigen – z. B.

wenn plötzlich ein interessantes Förderprogramm mit sehr kurzer Einreichungsfrist bekannt gegeben wird. Falls jedoch irgendwie möglich, so ist es empfehlenswert, Entwicklungen langfristig aufzugleisen und das milde Licht zu nutzen. Es gibt eine ganze Reihe von Gründen, warum langfristige Planungen die Chancen auf Unterstützung erhöhen – hier sind nur ein paar davon aufgeführt:

- *Absagen werden vermieden.* Alle haben immer viel zu tun – kurzfristig noch zusätzliche Aufgaben zu übernehmen schreckt häufig ab und führt zu Ablehnungen. Längerfristig kann man sich Zeitfenster für entsprechende Arbeiten einplanen.

- *„Mere-Exposure-Effekt" wirkt.* Er trägt dazu bei, dass langfristige Planungen erfolgversprechender sind als kurzfristige Herangehensweisen. Gemeint ist, dass allein die wiederholte Wahrnehmung einer zunächst neutral beurteilten Angelegenheit dazu führt, dass diese im Laufe der Zeit positiver bewertet wird. Daher ist es klug, zu entwickelnde Dinge möglichst früh und dann immer wieder zu erwähnen, sofern sie anfangs bereits zumindest als neutral wahrgenommen werden.

- *Überrumpelungen werden vermieden.* Menschen fühlen sich häufig zu Recht überrumpelt, wenn Entwicklungen sehr schnell vonstattengehen sollten. Insbesondere weitreichende Change-Prozesse benötigen ausreichende Vorlaufzeiten.

Insgesamt ist es daher empfehlenswert, das milde Licht der Langfristigkeit dadurch zu nutzen, dass Arbeiten bzw. Entwicklungsbestrebungen möglichst früh angekündigt, immer wieder mal vorab thematisiert werden und die Beteiligten gegebenenfalls rechtzeitig gebeten werden, Arbeits-Zeitfenster für die entsprechenden Tätigkeiten einzuplanen.

Selbstverständlich wissen viele um dieses milde Licht und sind auch bei langfristigen Anfragen zurückhaltend – aber dennoch ist es in der Regel besser als die grelle Kurzfristigkeit. Selbst sollte man immer auf der Hut sein, sich von diesem milden Licht nicht allzu schnell einhüllen und einwickeln zu lassen – wenn z. B. sehr langfristige Anfragen kommen wie „Könnten Sie sich evtl. vorstellen, in etwa zwei Jahren mal einen Vortrag bei uns zu halten?" oder „Könnten Sie das Gutachten innerhalb von acht Monaten schreiben? Eine Verlängerung auf zehn Monate wäre problemlos möglich, falls Sie es bis dahin nicht schaffen sollten.". Eine Möglichkeit, das von anderen ausgesendete milde Licht etwas heller zu machen, besteht darin, sich bewusst zu machen, dass die Arbeitsbelastung in zwei Jahren voraussichtlich nicht geringer sein wird als jetzt und man später dann z. B. erst max. zwei Wochen vor dem Vortrag mit den Arbeiten dazu beginnen wird. Zum Beispiel ist die Vorstellung, den Vortrag bereits in zwei Wochen halten zu müssen, hilfreich im Hinblick auf die Entscheidung, diesen zu- oder abzusagen. Bei einer Zusage sollte man sich auf jeden

Fall entsprechende Zeitfenster (z. B. für die Vorbereitung eines Vortrags) eintragen und diese auch eisern gegenüber neuen Terminanfragen und Aufgaben verteidigen.

57. Mit konstruktiven Menschen aufbauen

Man baut in aller Regel etwas gemeinsam mit anderen auf. Zentral ist hierbei, bewusst mit Menschen zu kooperieren, die in ihrer Grundhaltung positiv und konstruktiv sind. Sicherlich wird es in einem Team immer mehr oder weniger große Diversität im Ausmaß an Konstruktivität geben – und Diversität kann auch hier sehr hilfreich sein. Nörgelei und Pessimismus sind für ein Team ebenso wichtig wie optimistische Haltungen. Da man für jeglichen Aufbau viel Energie benötigt und in der Regel Entwicklungen dann positiv verlaufen, wenn sie von innerer Freude und Begeisterung getragen sind, ist es wichtig, immer auch konstruktive, positive, nach vorne gerichtete und optimistische Menschen im Team zu haben. Fehlen diese, so ist es empfehlenswert, das Team um entsprechende Personen zu erweitern oder das Projekt erst gar nicht zu starten. Spätestens in Phasen, in welchen größere Probleme auftreten (und solche Phasen gibt es immer wieder), ist es für ein Team sehr schwierig, sich ohne konstruktive Menschen wieder aus einem Motivationsloch zu befreien. Leitet man ein Team, so ist es in derartigen Phasen aber auch generell nicht zu unterschätzen, welch große Wirkung die eigene positive Grundhaltung auf die Motivation der Mitwirkenden und damit auf das Gelingen des Projekts hat. Glaubt die Leitung nicht mehr an den Erfolg, so werden auch die Mitarbeiter*innen früher oder später nicht mehr daran glauben. Und erledigt die Leitung ihre Aufgaben ohne Freude, so wird sich auch die Freude der Mitarbeiter*innen in Grenzen halten. Sich immer wieder bewusst zu machen, dass eine konstruktive Grundhaltung für das Gelingen von zentraler Bedeutung ist, instrumentalisiert die Freude etwas – aber wirksam und ratsam ist es dennoch.

Hierarchien und Entscheidungen beim Aufbau

58. Vogelperspektive und Perspektivenwechsel

Eine von Musikstudierenden beim Üben am Instrument häufig praktizierte Strategie ist das Einnehmen einer Vogelperspektive: Ein sich selbst beobachten „von oben". Dies verhindert, zu sehr in sich zu versinken und dadurch abzudriften. Auch beim Aufbau stellt das Versinken in seiner (oft kleinen) Welt eine permanente Gefahr dar – eine Vogelperspektive könnte hier bedeuten, sich selbst und andere Beteiligte sowie die ablaufenden Prozesse immer wieder auch mit Abstand und möglichst ganzheitlich und breit zu betrachten. So kann man das Verhältnis zu anderen bewusster wahrnehmen, Koalitionen erkennen, Kommunikations- und Informationsabläufe nachvollziehen, ausgegrenzte und im Zentrum stehende Personen identifizieren, usw. Die Flughöhe und damit die Breite des zu Betrachtenden kann beliebig und situationsabhängig variiert werden.

Ebenfalls mit dem Ziel, nicht in seiner Welt zu verharren und zu versinken, ist ein horizontaler Perspektivenwechsel sehr hilfreich. Dies bedeutet z. B., sich in die Lage einer anderen Person zu versetzen und dadurch evtl. besser verstehen zu können, wie der Aufbau auf diese wirken könnte, was sie davon womöglich persönlich betrifft, welche Gedanken und Emotionen der Aufbau möglicherweise auslöst. Sicherlich wird man hier häufig falsch liegen – oft aber auch nicht. Und Richtig oder Falsch steht bei dieser Herangehensweise auch nicht im Mittelpunkt, sondern vielmehr ein Heraustreten aus seiner eigenen, abgeschlossenen Welt und ein permanentes Sich-Bewusst-Machen, dass andere Personen Ziele und Interessen verfolgen, die mehr oder weniger im Einklang mit den eigenen stehen – oder oft gar in die entgegengesetzte Richtung gehen. Es ist nur fair und richtig, die Ziele und Interessen anderer soweit nur irgendwie möglich zu berücksichtigen.

59. Durchsetzungsmacht und Verhinderungsmacht

An Universitäten wird meist eine relativ flache Hierarchie gelebt und Entscheidungen werden in aller Regel demokratisch in den jeweils zuständigen Gremien getroffen (z. B. Berufungskommissionen, Ausschüsse, Fakultätsrat, Rektorat, Senat, Universitätsrat). Die Gremienstruktur ist meist hierarchisch, d. h. das Votum eines Gremiums wird häufig Bottom-Up in weiteren Gremien behandelt und befürwortet oder abgelehnt (z. B. das Votum einer Berufungskommission zu einer Berufungsliste im Fakultätsrat und anschließend im Senat). Durch die flachen Hierarchien und die stark demokratische Ausrichtung ist die Durchsetzungsmacht von Einzelpersonen und Einzelgremien (zum Glück) sehr begrenzt. Eine Konsequenz davon ist, dass stets versucht wird, relativ klare Abstimmungsergebnisse zu erzielen, da Wackelentscheidungen in den hierarchisch höher gelegenen Gremien mit großer Skepsis betrachtet werden und oft zur Ablehnung eines Votums führen („Wenn die sich nicht einigen können, dann scheint da was nicht zu stimmen ..."). Die höheren Gremien lehnen Wackelentscheidungen manchmal auch ab, weil eine Zustimmung zu Unruhen im System führen würde – immerhin gäbe es dann ja einen großen Anteil an Kolleg*innen, die nicht hinter der Entscheidung stehen würden. So versuchen Gremien häufig, möglichst klare, im Idealfall einstimmige Abstimmungsergebnisse zu erzielen. Erreicht wird das z. B. durch Meinungsbilder, die eingeholt werden, bevor die eigentliche Abstimmung erfolgt. Stimmen im Meinungsbild dann z. B. 6 für „ja" und 4 für „nein", dann schließen sich die 4 Nein-Sager*innen häufig bei der formalen Abstimmung der Mehrheit an, um ein klares Abstimmungsergebnis zu erzielen und das Gesamtprojekt damit nicht zu gefährden – es wird ja ohnehin am Ende ein „ja" sein, selbst wenn es nur 6:4 stehen würde. Bleibt jemand bei seiner ursprünglichen, der Mehrheit nicht folgenden Stimme, so kann dies mehrere Gründe haben: Die Person kann selbst beim besten Willen inhaltlich die Gegenmeinung nicht unterstützen oder sie möchte ein Signal an die höheren Gremien geben, das Votum zu hinterfragen und evtl. sogar abzulehnen. Die geringe Durchsetzungsmacht an Universitäten führt dazu, dass viel Überzeugungsarbeit geleistet werden muss und viel ausdiskutiert wird, damit möglichst geschlossen Dinge umgesetzt werden können. Grundsätzlich ist dies auch sehr gut – wenn an der Universität etwas aufgebaut werden sollte, dann hat dies nur Sinn, wenn eine große Mehrheit dahintersteht. Gegen den Willen einer Mehrheit ist ohnehin jeglicher Aufbau unmöglich und selbst bei einer knappen Mehrheit sollten gegebenenfalls lieber die Finger davon gelassen werden, da die Umsetzung bei viel Gegenwind schwer oder gar nicht möglich ist.

Im Gegensatz zur Durchsetzungsmacht ist Verhinderungsmacht an Universitäten überaus groß. Da alles auf möglichst breiten Konsens ausgerichtet ist, kann durch ein Nein relativ einfach vieles verhindert oder zumindest stark ausgebremst werden. Werden von Einzelpersonen zu ihrem Nein entsprechend gewichtige Argumente massiv vorgetragen, dann führt dies oft dazu, dass sich andere in Gremien davon überzeugen lassen und dadurch klare Ja-Mehrheiten nicht zustande kommen. „Nein" in Gremien sagen dann oft jene Mitglieder, die keine eindeutige Meinung zu der Angelegenheit haben und durch ihr Nein Risikominimierung betreiben wollen. Gerade wenn etwas Neues aufgebaut werden sollte, dann sind viele schnell dazu geneigt, einem einzigen massiven Nein-Appell zuzustimmen, da in der Regel die Dinge auch ohne Reformen gut laufen und die Ungewissheit der Wirkmächtigkeit des Neuen gegenüber dem scheinbar Bewährten und halbwegs Funktionierenden kaum eine Chance hat. Gibt es eine Nein-Koalition, dann ist die Sache ohnehin gelaufen.

Vor dem Hintergrund der großen Verhinderungsmacht an Universitäten ist für Aufbauende folgendes empfehlenswert:

- versuchen, möglichst viele Personen von seinen Ideen und Vorhaben zu überzeugen, insbesondere jene, welche in den Gremien die Entscheidungen treffen;

- versuchen herauszufinden, wer potenzielle Nein-Sager*innen bei einem bestimmten Entscheidungsprozess sind – dies ist nicht immer einfach;

- mit den (potenziellen) Nein-Sager*innen sprechen, sich ihre Argumente anhören und diese, falls möglich, entkräften oder sein Projekt ändern oder gar aufgeben, falls ihre Argumente überzeugend sind;

- nicht krampfhaft versuchen Dinge durchzusetzen, wenn keine klaren Mehrheiten dahinterstehen.

Und hier noch Tipps für die Nein-Sager*innen:

- *Bedenken vorab äußern.* Es ist fair und angebracht, als Nein-Sager*in seine Bedenken vorab zu nennen und ein Gespräch zu suchen – dies vor dem Hintergrund, dass man nicht erst offiziell im Gremium in die Rolle kommt, Dinge zu verhindern, sondern Aufbauende vorwarnt und ihnen die Möglichkeit gibt, ihre Argumente vor der Abstimmung informell zu äußern. Dies ist insbesondere für jene Nein-Sager*innen angebracht, die antizipieren, dass die Aufbauenden nur sehr schwer dieses bevorstehende Nein vermuten können und daher evtl. gar nicht auf die Idee kommen, in einen Austausch einzutreten.

- *Sich dennoch der Mehrheitsmeinung aus Loyalität evtl. anschließen.* Selbst wenn man beim Nein bleiben möchte und dabei einer Minderheit angehören würde, ist es manchmal aus Loyalität angebracht, sich der Mehrheitsmeinung anzuschließen, um das Gesamtvorhaben nicht zu gefährden – außer man ist so sehr dagegen, dass man es in der Tat gefährden möchte. Dies bedeutet sicherlich ein Abwägen verschiedener Bereiche (Gewissen, Überzeugungen, Unterstützungswille, ...).

Ebenso wichtig wie sich der Durchsetzungs- und Verhinderungsmacht an der Universität bewusst zu sein, ist es, sich vor Augen zu führen, dass nicht alle diese Machtstrukturen kennen. Vor diesem Hintergrund ist es oft schwierig, das Handeln anderer richtig zu interpretieren: Bleibt jemand bei einer informellen Ja-Mehrheit bei der Hauptabstimmung bei seinem Nein, dann kann das ein starkes Signal sein – falls diese Person die Verhinderungsmacht bewusst ist. Es kann aber auch schlichtweg aus Unwissenheit um die Entscheidungsstrukturen geschehen sein, ohne sich der starken Konsequenzen dieses Handelns bewusst zu sein – was die Angelegenheit für Aufbauende und damit Ja-Suchende aber nicht gerade einfacher macht.

60. Entscheidungslogistik – sich kein offizielles „Nein" einhandeln

Ist in einem Entscheidungsprozess ein Ja oder ein Nein erst einmal ausgesprochen oder gar schriftlich fixiert worden, so ist es überaus schwierig, diese Entscheidung noch mal zu revidieren. In aller Regel möchten Aufbauende keine Neins erhalten, insofern ist für sie größte Vorsicht bei der Initiierung von Entscheidungsprozessen geboten. Erst wenn Sicherheit besteht, dass die Entscheidung in die gewünschte Richtung gehen wird, sollte ein offizielles Entscheidungsverfahren eingeleitet werden. Dies gilt auch für informelle Entscheidungen (z. B. Antwort auf die oft voreilige und unnötige Frage: „Würdest Du das unterstützen?"). Wenn eine Person durch ein Ja oder Nein Stellung bezogen hat, wenn auch nur mündlich und informell, so ist dies überaus schwer revidierbar – niemand will als wankelmütig und entscheidungsunsicher gelten. Es empfiehlt sich somit, mit Gespür Entscheidungsprozesse einzuleiten und erst nach einem Herantasten um ein explizites Ja oder Nein zu bitten.

Häufig ist es auch klug, gar keine Entscheidung im Sinne von Ja oder Nein anzustreben. Solange es keine konkrete Entscheidung gibt, besteht noch die Möglichkeit eines relativ großen Handlungsspielraums – wenn es kein offizielles oder inoffizielles Nein gibt, so gibt es auch keine klar definierten Grenzen für das eigene Vorgehen. Eine Entscheidung anzustreben oder einzuleiten führt meist dazu, dass andere Menschen sich Gedanken über einen Prozess, wie z. B. eine Aufbaumaßnahme machen. In diesem Rahmen können durchaus viele kritische Stimmen laut werden und es könnten Diskussionen entflammen, die zum aktuellen Zeitpunkt noch unerwünscht sind und dem Projekt evtl. Schaden zufügen. Insbesondere in Übergangsphasen kann dies manchmal kontraproduktiv für den Aufbau sein. In vielen Fällen ist es daher ratsam, keine Entscheidung durch andere anzustreben, falls diese nicht wirklich notwendig ist. Eine gute, d. h. behutsame und mit viel Antizipation einhergehende Entscheidungslogistik ist für den Aufbau von zentraler Bedeutung. Hier gilt es Ruhe zu bewahren und sich selbst keinen unnötigen Zeitdruck zu machen bzw. sich nicht unter Zeitdruck setzen zu lassen.

61. Schafseckel-Zulage

Mit zunehmender Verantwortungsübernahme steigt in der Regel auch das Einkommen. Einer der Gründe für die Umstellung von der C- auf die W-Besoldung für Professor*innen in Deutschland war die Ermöglichung von Zulagen für besondere Leistungen. Und hierzu zählen sicher auch Aufbauarbeiten an Universitäten – seien es Sonderforschungsbereiche, Forschungsgruppen, Graduate Schools, Institute, Schools of Education, Kooperationsnetzwerke usw. Warum erhöht sich das Einkommen, wenn mehr Verantwortung übernommen wird? Informell nennt man in der

Schweiz die Einkommensdifferenz Schafseckel-Zulage. Schafseckel ist dort ein Schimpfwort, evtl. übersetzbar mit Idiot. Abwandlungen dieses Worts gibt es auch in anderen deutschsprachigen Regionen.

Als Führungsperson kann man es, vor dem Hintergrund fast immer vorhandener diverser Interessen, so gut wie nie allen recht machen: Ein gewisser Prozentsatz spricht sich fast immer gegen das Vorgehen aus, man schafft sich Gegner, wird z. T. persönlich angegriffen, es werden einem bestimmte und oft auch falsche Motive unterstellt usw. Dies (und sicher auch anderes, wie z. B. mehr Arbeitszeit) soll durch ein höheres Gehalt bzw. durch Zulagen etwas kompensiert und dadurch erträglicher gemacht werden – eben durch die Schafseckel-Zulage. Hier spielt zum einen der monetäre Aspekt an sich eine Rolle, zum anderen jedoch auch das damit verbundene Zeichen der Wertschätzung – dies vor dem Hintergrund, dass die Zulagen meistens relativ gering ausfallen und häufig in keinem Verhältnis zum Arbeitsaufwand stehen. Eine wirklich gute Übersetzung von Schafseckel-Zulage ins Hochdeutsche gibt es nicht. Möglich wären z. B. Immer-Gegenwind-Habend-Entschädigung, Sich-Angreifbar-Machend-Entgelt, Unterstellungs-Erduldungs-Geld, Konfrontationsannahme-Anreiz, Schmerzensgeld, Bruce Willis- bzw. Stirb-Langsam- oder Chuck Norris-Zulage.

Wie auch immer diese Zulage genannt wird: Wenn man sich aus seiner, wenngleich komplexen, so dennoch überschaubaren professoralen Forschung-und-Lehre-Welt in die große und diffuse Welt der Uni-Politik und des strategischen Gestaltens begibt, so ist dies durchaus herausfordernd – selbst für die Chucks unter uns. Selbstverständlich kann ein Aufbau überaus erfüllend sein, wenn etwas bewegt, verändert und verbessert werden kann. Aber: Es kann auch wirklich anstrengend und mühsam sein und man benötigt in der Regel viel Geduld. Und es muss zur Persönlichkeit und seinen eigenen Motiven passen. Auf die Schafseckel-Zulage sollte man bestehen, selbst wenn es sich um kleine Beträge handelt – sie ist ein Zeichen der Wertschätzung, was häufig viel wichtiger ist als Geld. Und sie verdeutlicht, dass das erbrachte Engagement der Universität wichtig ist und man auf Unterstützung hoffen kann, ohne welche Strukturaufbau ohnehin nicht sinnvoll, möglich und empfehlenswert wäre. Anders ausgedrückt, falls von Seiten der Universitätsleitung nicht mal kleine Zulagen gezahlt werden, so sollte dies als Indikator für fehlende Unterstützung sehr ernst genommen werden und man sollte sich wirklich genau überlegen, ob in diesem Fall eine Aufbau-Tätigkeit überhaupt angegangen werden sollte. Noch anders ausgedrückt: Der Verzicht auf eine Schafseckel-Zulage macht einen evtl. zum tatsächlichen Schafseckel.

62. Entscheidungen auf höheren Ebenen – nicht nur die eigene Welt sehen

Selbst wenn an Universitäten Hierarchien meist flach gelebt werden, so sind die formalen Strukturen doch stark hierarchisch angelegt. Werden Entscheidungen Bottom-Up über mehrere Gremien hinweg getroffen (z. B. Berufungskommission – Fakultätsrat – Senat – Rektorat), so spielen auf den unterschiedlichen Ebenen oft unterschiedliche Perspektiven, Werte und Ziele eine Rolle. In der Regel wird der Blick breiter und längerfristiger, je weiter oben sich die Gremien befinden. Dies sollte man stets berücksichtigen – Aufbauende sehen oft nur ihre eigene Welt und sind davon überzeugt, wie gewinnbringend das zu Erschaffende ist.

Aber selbst wenn es gewinnbringend sein sollte: Das Aufzubauende muss in die Strukturen und inhaltlichen Ausrichtungen der Universität passen, d. h. in deren größeren Rahmen, welcher insbesondere auf höheren Ebenen eine zentrale Rolle spielt. Das Problem besteht häufig darin, dass man diese übergeordneten Perspektiven, Entwicklungsziele und Ausrichtungen der Universität zumeist nicht genau kennt – so haben fast alle Universitäten übergeordnete Forschungsschwerpunkte definiert, Strukturentwicklungspläne konzipiert, Internationalisierungskonzepte entworfen, Gleichstellungskonzepte entwickelt und übergeordnete Ziele in der Lehre formuliert. Ist man als Professor*in nicht zufällig in entsprechende Gremien eingebunden, so kennt man in der Regel nicht alle diese Facetten, zumindest nicht im Detail, obwohl sie selbstverständlich mehr oder weniger intensiv kommuniziert werden. Aber wenn es einen nicht direkt betrifft, so werden solche übergeordneten Ausrichtungen oft nicht wirklich wahrgenommen. Möchte man jedoch etwas aufbauen, worüber später auf höheren Ebenen entschieden wird, so sollte man sich unbedingt mit diesen übergeordneten Aspekten einer Universität beschäftigen und evtl. auch Gespräche über die Passung der eigenen Pläne in den Gesamtrahmen führen. Sicherlich können und sollen beim Aufbau auch neue Wege beschritten werden, sodass Grenzgänge manchmal notwendig sind – gegebenenfalls ist auch ein weiches Überschreiten von Grenzen sinnvoll, falls dieses im Sinne zielführender Innovation akzeptiert wird. Aber für sich genommen Großartiges zu entwickeln, welches aber einen Fremdkörper an einer Universität darstellen würde, ist nicht möglich und sinnvoll.

Die hier thematisierten Hierarchien finden sich selbstverständlich auch außerhalb von Universitäten – z. B. in politischen Strukturen. Hier werden auf höheren Ebenen z. T. durchaus sinnvolle Entwicklungsvorschläge abgelehnt, falls übergeordnete Ziele, wie z. B. die Berücksichtigung der vorherrschenden Wählermeinungen, diesen entgegensprechen. Noch so Sinnvolles und Innovatives ist z. T. schlichtweg politisch nicht umsetzbar – wenn z. B. die Widerstände zu groß sind (z. B. durch

Lobbyisten, die Opposition oder Stimmen innerhalb einer Partei). Aufbauende machen sich das Leben deutlich leichter, wenn sie strategisch und politisch denken, d. h. von Anfang an Perspektiven, Ziele und zu antizipierende Entscheidungen auf unterschiedlichen Ebenen berücksichtigen.

63. Alles hat seine Zeit

Im Buch Kohelet findet sich der Satz „Alles hat seine Zeit". Aufbau- und Entwicklungsphasen haben auch ihre Zeit und lassen sich nicht jederzeit realisieren. Grünes Licht ist dann gegeben, wenn sowohl die äußeren Umstände passen (z. B. keine Konsolidierungsphase der Institution, ausreichende Zahl an unterstützenden Personen, genügend personelle, finanzielle und materielle Ressourcen vorhanden) als auch die „inneren" (z. B. vorhandene Kompetenzen, Motivation, Freude am Aufbau, ausreichende Frustrationstoleranz). Anfahrt bei „rot" ist in aller Regel nicht empfehlenswert:

- sie führt zu Zusammenstößen mit anderen,

- sie schädigt andere,

- sie erzeugt Schleudertraumata bei sich und anderen,

- sie ist mühsam,

- sie führt mit hoher Wahrscheinlichkeit zum Scheitern,

- sie ist eine unnötige und sinnlose Investition,

- man schafft sich durch sie einen Ruf, Dinge nicht umsetzen zu können,

- man beraubt sich dadurch der Motivation für die nächste Aufbauphase,

- usw.

Eine zentrale und anzustrebende Fähigkeit für Aufbauende ist es somit, ein Gespür für günstige oder gar optimale Zeitpunkte für einen Aufbau zu entwickeln. Dies kann geschult werden, indem die Zeichen der Zeit stets bewusst wahrgenommen werden, d. h. z. B. aus Gesprächen, Nebensätzen, Statements, anderen Entwicklungen und Vorgeschichten auf die Ampelfarbe und deren Facetten geschlossen wird. Und im Falle von Rot sind Gelassenheit und Geduld wichtig – gerade, wenn man von Dingen überzeugt ist, möchte man häufig gerne sofort loslegen.

Sicher gibt es auch Situationen, bei denen eine Rot-Anfahrt angebracht sein kann. Zum Beispiel, wenn etwas schnell aufgebaut werden könnte und der antizipierte mögliche Schaden vor dem Hintergrund der einmaligen Chance bewusst in Kauf genommen wird. Ein diesbezügliches Beispiel wäre, wenn es einmalige Mittel für ein Programm gibt, dessen Realisierung für einen selbst höchste Relevanz hat, obwohl der Zeitpunkt ungünstig ist. Hier muss abgewogen werden, wie groß die Wahrscheinlichkeit eines Erfolgs im Vergleich zum möglichen Schaden ist. In der Regel ist es nicht klug, mit dem Kopf durch die Wand zu wollen – und dies kann auch nicht allzu oft gemacht werden, wenn man an den eigenen Kopf, aber auch an die Wände denkt.

Probleme beim Aufbau lösen und verhindern

64. Immunity to Change und Change Management

Aufbau findet nie in einem Vakuum statt – jede Neuentwicklung impliziert auch eine Veränderung des Bestehenden. Und Veränderungen sind immer mit Kosten im weitesten Sinne verbunden – Kosten in Bezug auf Gelder, zu investierende Zeit, Anstrengung und Kraft kostende mentale Anpassungsprozesse. Veränderungen bringen Wind in ein System, der meist auch für so manche Turbulenzen bis hin zu Stürmen sorgt.

Menschen zeigen eine mehr oder weniger stark ausgeprägte Veränderungsresistenz – oft weil das Bestehende für sie (scheinbar) ohnehin sehr gut ist, Veränderungen immer auch Unabwägbarkeiten in sich bergen, eben auch mit Aufwand verbunden sind und den Subtext „das Bisherige ist nicht gut genug" mit sich führen, was manchmal als geringe Wertschätzung eigener bisheriger Arbeiten gesehen wird. Diese Liste könnte noch deutlich erweitert werden – die Ursachen, warum sich Menschen gegen Veränderungen wehren, sind vielschichtig, komplex und in manchen Fällen schwer von anderen und oft auch von den Betroffenen selbst zu durchschauen. Und sicherlich ist es grundsätzlich auch sinn- und verantwortungsvoll, alle Neuerungsvorschläge kritisch zu prüfen. Für Aufbauende wäre es naiv zu denken, dass einem alle mit Begeisterung zujubeln – im Gegenteil, es ist ein komplexer und herausfordernder Prozess, bei welchem berechtigte Fragen und Kritik antizipiert werden sollen und müssen. Und: Fast immer wird es einen Teil der betroffenen Personen geben, der bis zum Ende mehr oder weniger massiv gegen den Aufbau sein wird, selbst wenn die Mehrheit dahintersteht. Damit muss man auch umzugehen lernen.

Empfehlenswert ist es, sich mit derartigen zu antizipierenden Prozessen vorab zu beschäftigen, d. h. noch bevor Personen über die Aufbau-Ideen informiert werden. Es gibt hierzu viel Literatur, die beispielsweise anhand der Schlagwörter „Immunity to Change" und „Change Management" zu finden ist. Während in der Literatur zu Immunity to Change primär die Ursachen von Resistenz gegenüber Veränderungen thematisiert werden, werden in den Ausführungen zum Change Management primär die Prozesse im Kontext von Veränderungen dargestellt – hier werden z. B. bestimmte Phasen der Veränderung genannt, die häufig durchlaufen werden und welche zu antizipieren sind. Meist werden in dieser Literatur auch konkrete Hilfestellungen im Hinblick auf zielführendes Verhalten innerhalb solcher Phasen gegeben.

Zudem ist es empfehlenswert, mit Expert*innen zum Thema Change Management im Austausch zu bleiben – z. B. im Rahmen eines kontinuierlichen Coachings.

Die Wirkungen von Change-Prozessen werden häufig unterschätzt und ohne professionelle Unterstützung können hier sehr viele Fehler mit z. T. gravierenden Folgen gemacht werden. Es handelt sich schließlich beim Change Management um einen Bereich, mit dem man als Professor*in in der Regel wenig zu tun hat und in welchem man keine Kompetenzen erworben hat.

65. Sich auf andere Ebenen begeben, um Probleme zu lösen

Beim Aufbau treten hin und wieder überaus schwierig zu lösende Probleme auf. Lösungsversuche drehen sich dann im Kreis und Kompromisse sind nicht in Sicht. Häufig ist es in einer solchen Situation hilfreich, das Problem auf einer anderen, höheren Ebene zu betrachten, d. h. sich mental von dem Problem etwas zu distanzieren und es mit größerem Abstand und auch entspannter wahrzunehmen. So können z. B. die grundlegenden, übergeordneten Zielsetzungen noch mal überdacht und in Frage gestellt werden. Oder man kann sich von den bisher eingeschlagenen Lösungsversuchen und Herangehensweisen bewusst trennen und alles noch mal neu denken. Nicht gelingendes Problemlösen ist oft eine Folge von Starrheit und Verbissenheit – insofern kann Loslassen hier die Situation lockern und evtl. lösen. Dies klingt sehr abstrakt, weil die Art der Distanzierung selbstverständlich von dem Problem an sich abhängt. Hier ein paar Beispiele aus anderen Bereichen:

- *Zur wirklichen Lösungsebene wechseln.* Wenn Konflikte eskalieren und diese gewaltsam gelöst werden, so wird es auf der Ebene einer kriegerischen Auseinandersetzung keine wirkliche Lösung geben. Eine Lösung kann dann nur auf einer anderen Ebene erfolgen – z. B. über Verhandlungen.

- *Sich von starren Denkmustern befreien.* Beim Gefangensein in bestimmten vorgegebenen Denkmustern können keine neuen Lösungen entstehen – z. B. kann in Betracht gezogen werden, dass es nicht das Raumschiff ist, welches sich bewegt, sondern vielmehr der Weltraum.

- *Atmosphäre schaffen, in der sich Lösungen entwickeln können.* Ein Problem in einer Atmosphäre von Neid oder Gier zu lösen wird schwerlich gelingen – sich hier übergeordnete Ziele bewusst zu machen kann zu guten Lösungen führen. Oder die Atmosphäre wertschätzender und offener zu gestalten kann ebenfalls sehr hilfreich sein, z. B. indem die ungute Atmosphäre offen angesprochen oder über Umwege verbessert wird (z. B. Humor).

- *Loslassen und sich Neuem zuwenden.* Eine Lösung könnte auch darin bestehen, keine Lösung zu suchen, sondern das ganze Projekt aufzugeben und sich evtl. sinnvolleren Dingen zuzuwenden. Lange, ergebnislose Problemlöseversuche kosten viel Zeit und Geld und erzeugen häufig auch Kollateralschäden (z. B. Streit).

- *Feinere Ebenen schaffen.* Manchmal ist es hilfreich, die Argumentationsebenen feiner zu gestalten, d. h. der Diskussion mehr Tiefe, Authentizität und Empathie zu geben. So manche Diskussion im Kontext von Problemlösungen wird auf einer eher groben und wenig differenzierten Ebene geführt. Oft sind die Angelegenheiten deutlich komplexer als sie in Diskussionen behandelt werden – und im Grunde ist das meist allen klar, aber niemand ergreift die Initiative, auf eine differenziertere Ebene zu gehen. So können z. B. neue, feinere Argumente (z. B. Einbeziehen ethischer oder ökonomischer Faktoren) leitende Impulse beim Problemlösen setzen und das Gesamtsystem neu kalibrieren.

- *Dem Problemlösen Zeit geben.* Auch ein bewusstes Ruhen-Lassen der Problemlösung für eine gewisse Zeit kann manchmal hilfreich sein und zu Lösungen führen. Aufgeheizte Systeme müssen sich oft erst wieder etwas beruhigen. Allein durch den Faktor Zeit kann ein Problem häufig auf einer neuen Ebene betrachtet werden – so erscheinen mit etwas Abstand manche hitzig geführten Diskussionen als kleinkariert und lächerlich.

Sehr hilfreich kann es sein, in verfahrenen Situationen persönlich kurz innezuhalten und zu reflektieren, wie das Problem auf eine andere Ebene transferiert werden könnte. Dies ist herausfordernd, macht aber in der Regel auch viel Spaß und ist sehr befriedigend, wenn es letztlich zu guten Gesamtlösungen hinführt.

66. Den Wald entwickeln – sich nicht an einzelnen Bäumen abarbeiten

Aufbauprozesse sollten immer von klaren Visionen geprägt sein. Sind die Zukunftsbilder am Anfang schwarz-weiß und verschwommen, dann kann der Versuch unternommen werden, sie farbiger und schärfer zu gestalten. Sind die Zielbilder zu Beginn bunt und scharf, so besteht im Prozess die wirklich ernst zu nehmende Gefahr, dass diese im Laufe der Zeit mehr und mehr verblassen und verschwimmen. Ein zentraler Grund hierfür ist darin zu sehen, dass, statt den Wald zu entwickeln, d. h. ihn zu bepflanzen und entsprechend der Visionen auszubauen, häufig nur an einzelnen Bäumen gearbeitet wird. Manche Bäume sind durchaus wichtig – aber im Zweifelsfall gilt es, den Baum zu belassen und sich dem Wald als Ganzes zuzuwenden. Wir kennen wohl alle Phasen, in denen wir uns in Details verlieren und auf Sicht fahren, d. h., oft aus Ressourcengründen, immer nur die unmittelbar sichtbaren Probleme und Herausforderungen sehen und bearbeiten. Es verlangt durchaus Mut und längerfristiges Denken, um gewisse Probleme, die in direkter Sicht sind, auch einfach mal bestehen zu lassen und sich stattdessen dem größeren Ganzen zuzuwenden. Dies ist sicher eine Basiskompetenz für alle, die etwas aufbauen wollen. Falls man immer nur die anstehenden und sehr sichtbaren Probleme löst, dann wird die Problemlösung an sich zum Problem. Bildlich kann man sich diesen Prozess auch so vorstellen, dass das permanente Bearbeiten sichtbarer Probleme uns leicht vom eigentlichen Weg abbringt und unser Weg von den Problemen geleitet wird, anstatt ihn bewusst zu gestalten. Die Präsidentin einer Universität hat einmal in einem Aufsatz geschrieben, dass sie unter ihrer Schreibtischunterlage stets ein paar Stichpunkte mit Visionen platziert hat, die sie immer wieder mal liest und reflektiert, inwieweit sie diesen gerade folgt – eben auch vor dem Hintergrund, dass sie sich ansonsten gerne in Teilbereichen bzw. Teilaufgaben verliert.

Hier zusammenfassend ein paar Tipps für die Waldarbeit:

- *Visionen entwickeln* – möglichst scharf, bunt und klar und so, dass man wirklich voll und ganz dahintersteht;

- *Visionen aufschreiben* – möglichst konkret und mit Meilensteinen (z. B. Zeitpunkte, wann Zwischenziele erreicht werden sollten, angestrebtes Ende der Aufbauphase, ...);

- *dann mit der Umsetzung beginnen* (zunächst Planungen, gefolgt von konkreten Aufbauschritten);

- *sich die formulierten Visionen im Umsetzungsprozess immer wieder vor Augen führen* – z. B. dadurch, dass sie stets sichtbar im Büro sind (z. B. auch graphische Darstellung), durch (elektronische) Reminder (z. B. alle 4 Wochen eine Visionserinnerung), durch regelmäßige Visionssitzungen (hier sollte es ausschließlich um die Reflexion des aktuellen Prozesses vor dem Hintergrund der ursprünglichen Visionen gehen), ...;

- *Erreichung der Meilensteine regelmäßig reflektieren* – falls die Meilensteine nicht erreicht werden, diese oder die Visionen verändern, oder andere Wege der Zielerreichung einschlagen.

Ein Grund, warum Aufbauende sich gerne an Bäumen abarbeiten, besteht darin, dass hier oft deutlich schneller als bei sehr langfristigen Prozessen motivierende und belohnende Erfolgserlebnisse erzielt werden können. Ein konkretes Problem zu lösen ist zudem meist weniger abstrakt und geht damit oft mit größerem Optimismus im Hinblick auf eine erfolgreiche Lösung einher. Sicherlich müssen, um das große Ziel zu erreichen, immer wieder auch kleinere Teilprobleme gelöst werden – problematisch für den Gesamtprozess wird es dann, wenn Aufbauende an diesen verhaftet bleiben, sich dort vollends verausgaben, die großen Linien dabei vergessen und übersehen, dass ein ganzer Waldabschnitt eigentlich gerade viel wichtiger zu beachten wäre.

67. Nicht mit der Feile, sondern mit der Motorsäge rangehen

Bei einer Probe für die Präsentation eines Verbund-Forschungsantrags hatten fast alle das Gefühl, dass diese noch wirklich, wirklich schlecht war. Nach der Power-Point-Präsentation meldeten sich zwei Personen zu Wort, jeweils mit kleinen Anmerkungen der Art „auf Folie 18 fehlt im 2. Bullet-Point noch ein Komma" oder „nach der Einführung auf Folie 2 könntest Du noch eine kleinere Sprechpause einfügen" oder „die obere Grafik auf Folie 16 könnte noch etwas schärfer sein". Schließlich meldete sich eine Kollegin mit den Worten: „Leute, bei allem Verständnis, hier müssen wir mit der Motorsäge und nicht mit der Feile ran". Und sie sprach damit vielen aus dem Herzen. Wenn etwas (noch) schlecht ist, dann muss manchmal einfach der Mut aufgebracht werden, es noch einmal grundsätzlich zu ändern. Rumfeilen kann zwar beruhigend wirken, da zumindest Handlungen infolge wahrgenommener Probleme erfolgen – aber helfen wird es in der Regel nicht viel. Wichtig ist in solchen Situationen, sich zunächst einzugestehen, dass der Status Quo (noch) schlecht ist, und dann tatsächlich den Mut und die Kraft aufzubringen, das Ganze mit der Motorsäge und einem evtl. folgenden Feinschliff grundlegend zu verändern und damit (hoffentlich) zu verbessern. Falsche Rücksichtnahme ist hier nicht angebracht, etwa in dem Sinne, dass die Präsentierenden geschont oder das Gesamtvorhaben nicht allzu sehr kritisiert wird. Ehrliche und konstruktive Kritik ist immer gut und selbst in einer sehr grundlegenden Form kann sie in einer insgesamt wertschätzenden Art und Weise geäußert werden. Ob der oben genannte Satz mit der Feile und der Motorsäge in dieser Weise verwendet werden kann, ist sicher von der Gruppe und der Situation abhängig. Speziell in der eingangs beschriebenen Situation war er überaus hilfreich, zumal er auf eine auch etwas humorvolle Art vorgetragen wurde und tatsächlich zu einer sehr grundlegend veränderten und letztlich auch erfolgreichen Präsentation geführt hat.

Hier noch mal zusammengefasst die wichtigsten Motorsägen-Tipps:

- *Hinsehen.* Nicht wegsehen, wenn etwas wirklich schlecht ist.

- *Schwächen eingestehen.* Sich selbst die geringe Qualität eingestehen und sie auch kommunizieren.

- *Übergeordnetes Betrachten.* Das Ganze aus einer übergeordneten Qualitätsperspektive betrachten und alles oder Teile neu denken.

- *Motorsäge anwerfen.* Mit der Motorsäge und nicht mit der Feile an die Überarbeitung gehen.

- *Feinschliff.* Am Ende noch den Feinschliff mit der Feile machen.

- *Wertschätzung – gegenüber sich und anderen.* Bei dem gesamten Prozess wertschätzend bleiben und Kritik stets vor dem Hintergrund des angestrebten Ziels äußern (z. B. erfolgreiche Präsentation, gelungenes Manuskript, erfolgreicher Antrag, gute Lehre).

68. Wenn etwas Negatives eingebrannt ist

Ebenso schwierig, wie bei einem Herd Eingebranntes zu entfernen und das Kochfeld wieder zum Strahlen zu bringen, ist es beim Aufbau, eingebranntes Negatives aus den Köpfen wieder herauszubekommen. Noch schlimmer: Durch gut gemeinte Aktivitäten, das Schrubben und Sich-Abmühen, wird das Negative häufig noch sichtbarer und verfestigt sich immer mehr. Hier zwei Beispiele für das Einbrennen:

- *Zufälle.* Zufällig gehen bestimmte Dinge zwei-, dreimal hintereinander schief und schon wird daraus z. B. auf Inkompetenz, Leichtfertigkeit oder gar entsprechende Motive geschlossen. Ein einfaches Beispiel: Jemand wird zweimal zufällig in einem Verteiler vergessen und im Nu wird eine Absicht dahinter gesehen. Oder: Zufällig finden sich zweimal in Folge Rechtschreibfehler in einem Dokument und schon heißt es „die können nicht schreiben".

- *Hartnäckige Fehlattributionen.* Eine Fehlattribution, d. h. eine fälschliche Ursachenzuweisung für ein bestimmtes Handeln, kann dazu führen, dass den Aufbauenden bestimmte Motive unterstellt werden, die in dieser Form gar nicht vorhanden sind. Ein diesbezüglicher Klassiker ist z. B. das Handeln vor dem Hintergrund eines Machtmotivs zu interpretieren (d. h. Handlungen, um den Machtbereich zu erweitern); in Wirklichkeit steht evtl. ein Leistungsmotiv dahinter (gut sein wollen) oder auch ein Handeln im Sinne einer tatsächlichen Verbesserung der Situation. Fehlattributionen können wirkmächtig sein, da sie, einmal zugewiesen, immer wieder Basis einer entsprechend fehlerhaften Ursacheninterpretation zu einer Handlung bilden können.

Was kann unternommen werden, wenn Eingebranntes erkannt wurde? Nun, es ist schwierig, wirklich gut damit umzugehen. Hier zwei Tipps:

- *Aktiv Gegen-Attributionen streuen.* Dies ist mühsam und aufwändig. Zudem bremsen Gegenwellen häufig nicht aus, sondern verstärken die Ursprungswelle indem die ursprünglichen Attributionen dadurch immer wieder auch thematisiert werden. Nur in speziellen Fällen ist diese Strategie nützlich – z. B. wenn Fehlattributionen durch eine humorvoll-überzeugende Art richtiggestellt werden können.

- *Eingebranntes thematisieren.* Auf einer Metaebene Eingebranntes zu thematisieren kann manchmal hilfreich sein – gemeint ist damit, z. B. einfach offen die Problematik von Fehlattributionen und Zufallseffekten zu thematisieren. Es geht hier im Prinzip um Richtigstellung – auch das kann wirkmächtig sein. Jedoch wird auch in diesem Fall das ursprünglich Negative noch mal thematisiert und es ist wieder in aller Munde und verbreitet sich evtl. noch mehr.

In entsprechenden Situationen kann, vergleichbar mit Gerüchten, die in die Welt gesetzt werden, das Gefühl der Machtlosigkeit auftreten – und dies zu Recht. Manchmal sind entsprechende negative Entwicklungen einfach kaum mehr zu stoppen. Daher sollten sie früh erkannt werden und möglichst schnelle Reaktionen darauf erfolgen. In manchen Fällen ist es aber schlichtweg auch gut, einfach die Ruhe zu bewahren und in keinen Aktionismus zu verfallen. In solchen Situationen kann Ruhe durchaus als Souveränität wahrgenommen werden und Nicht-Handeln das Problem gegebenenfalls sogar besser lösen als aufgescheuchter Aktionismus.

69. Agency – sich des Wechselspiels von Engagement bewusst sein

In der Forschung zu menschlichen Interaktionsprozessen wird unter der Verhaltensdimension „Agency" das Ausmaß an aktivem, selbständigem Handeln verstanden – übersetzt wird es daher häufig mit „Eigenständigkeit" oder „Dominanz". Ein zentraler Aspekt der Agency besteht darin, dass sich diese bei Interaktionspartner*innen gegenseitig beeinflusst: Je aktiver die eine Person, desto weniger aktiv die andere. Dies ist vergleichbar mit Gesprächsanteilen: je mehr jemand redet, desto weniger kann das Gegenüber sprechen.

Für Aufbauende ist Agency ein sehr zu beachtendes Konstrukt, da bei fast allen Aufbauprozessen Interaktionen eine bedeutsame Rolle spielen: In aller Regel kann an Universitäten nichts alleine aufgebaut werden. Ist eine aufbauende Person sehr aktiv, dann nehmen andere oft ihre Aktivitäten zurück – eben weil diese Person sich ohnehin darum kümmert (und alle ohnehin immer viel zu tun haben). Verstärkt wird dieser Mechanismus noch dadurch, dass Aufbauende häufig motivierendes Lob bekommen, wenn sie engagiert sind und die Sache voranbringen. Für das größere Ganze ist dieses große Engagement einzelner Personen paradoxerweise häufig schädlich, eben weil andere sich dadurch oft zurückziehen und die Gesamtpower des Projekts darunter leidet. Es ist eine wirkliche Herausforderung, das richtige Maß an Aufbau-Aktivität zu finden: Zu wenig bremst und zu viel bremst ebenfalls – und Aufbauphasen sind dynamische und vielschichtige Phasen, d. h. das richtige Ausmaß an Aktivitäten in einzelnen Teilbereichen und auch übergeordnet zu finden, ist alles andere als trivial. Hier ein paar Tipps zum eigenen Ausmaß an Aktivität:

- *Agency-Thematik ansprechen.* Eine gute Lösung – vermutlich wohl die beste – besteht darin, dieses Thema explizit anzusprechen und zu betonen, dass es wichtig ist, dass sich alle einbringen und hohe Einzelaktivitäten nicht dazu führen dürfen, dass sich manche zurückziehen. Dies erscheint wohl den allermeisten plausibel und auf der Basis eines solchen Gesprächs können die Einzelaktivitäten beobachtet und im Team regelmäßig thematisiert werden.

- *Sich des Agency-Mechanismus bewusst sein.* Manchmal sind derart offene Gespräche nicht möglich – z. B. aufgrund von Hierarchien oder Kooperationen mit externen Partner*innen, für die ein Ansprechen dieses Themas befremdlich sein könnte. In diesem Fall ist schon viel gewonnen, wenn Aufbauende sich des Agency-Mechanismus bewusst sind und das Ausmaß an Aktivitäten in einzelnen Bereichen beobachten und gegebenenfalls bei sich selbst anpassen. In wenig kritischen Phasen kann hier auch etwas mit der individuellen Agency experimentiert werden, um zu sehen, wie das Gesamtsystem im Falle von persönlich verstärkter oder reduzierter Agency reagiert.

- *Ausmaß an eigener Aktivität reflektieren.* Für einen selbst ist es gut zu beobachten und zu reflektieren, ob das Ausmaß an eigener Aktivität sich richtig anfühlt – ungut wäre es, wenn Aufbauende sich aufgrund der eigenen sehr hohen Agency nicht genügend unterstützt oder – am anderen Ende des Agency-Ausmaßes – von anderen überrollt fühlten.

Zwei Aspekte bezüglich der Agency sind noch besonders erwähnenswert. Erstens, es geht bei Agency nicht nur um Quantität, d. h. die Zeit, die in ein Projekt investiert wird, sondern auch um Qualität und Intensität. Das heißt, unter Agency fällt z. B auch, wie viel jenseits zeitlicher Ressourcen an qualitativen Projektideen eingebracht und mit welcher inhaltlichen Intensität an die Dinge herangegangen wird (z. B. Ausmaß an neuen Ideen, Nachdruck in der Kommunikation). Zweitens, nicht immer bremst die eigene Aktivität jene der anderen aus. Wenn andere das eigene Engagement wahrnehmen und wertschätzen, kann sie dieses auch motivieren, aktiv bzw. aktiver zu werden. Unter welchen Umständen die eigene Aktivität förderlich für die der anderen ist, hängt sicher von vielen Spezifika ab, wie beispielsweise der Freude, die man (trotz der vielen Arbeit) selbst ausstrahlt. Situativ ein adäquates Agency-Level zu finden ist wirklich herausfordernd – aber auch durchaus spannend.

Einstellungen beim Aufbau

70. Seinen Idealen treu bleiben

In Aufbauphasen stoßen häufig unterschiedliche Ideale, Ziele und Vorstellungen zu effektiven Vorgehensweisen aufeinander, sodass fast immer Kompromisse notwendig sind, um vorwärts zu kommen. Nun ist man als jene Person oder Institution, von welcher Innovationen und Aufbautätigkeiten ausgehen, häufig in einer relativ schwachen Verhandlungsposition, da es in der Regel einfacher ist, den (scheinbar) sicheren Status Quo zu verteidigen, als (scheinbar) riskante Erneuerungen einzuleiten. Systeme sind oft veränderungsresistent und jene, die den Ist-Zustand bewahren möchten, haben meist die besseren Verhandlungskarten in der Hand. Sicherlich stehen Universitäten häufig unter Innovationsdruck – hier können sich die Verhältnisse in den Verhandlungsstärken auch manchmal zu Gunsten der Aufbauenden wenden.

Vor dem Hintergrund ihrer in aller Regel schwachen Verhandlungsposition sind Aufbauende umso mehr gezwungen, Kompromisse einzugehen und sich manchmal auch ein Stück von ihren Idealen wegzubewegen. Dies ist häufig ein längerer und schleichender Prozess, bei welchem Stück für Stück Teile der ursprünglichen Zielsetzungen und Ideale aufgegeben werden, damit das Projekt nicht zum Stillstand oder gar Abbruch kommt. Hier ist es angebracht, auf einer Meta-Ebene sehr wachsam zu sein, sonst setzt man sich im Extremfall plötzlich für etwas ein, hinter dem man im Grunde gar nicht mehr stehen kann und will. Man sollte sich stets bewusst sein, ob jenes, für das man sich einsetzt, noch in einem Ausmaß mit den eigenen Zielen und Idealen übereinstimmt, welches den persönlichen Einsatz lohnt. Hier ein paar Tipps für eine entsprechende Reflexion:

- *Schriftliches Fixieren.* Seine Ziele und Ideale möglichst schriftlich für sich selbst festhalten, falls dies nicht ohnehin in Projektanträgen, Skizzen usw. bereits geschehen ist.

- *Rote Linie definieren.* Sich von Anfang an Gedanken machen, in welchem Ausmaß man bereit ist, Abstriche von diesen Zielen und Idealen zu machen – selbstverständlich sind zu Beginn manche potenziell einzugehenden Kompromisse nicht zu antizipieren, aber dennoch sind solche generellen Überlegungen hilfreich, auch um gegenüber dem Thema der manchmal zu großen eigenen Kompromissbereitschaft sensibel zu bleiben.

- *Nicht sofort einlenken.* Bei Verhandlungsgesprächen, falls irgendwie möglich, nicht direkt Zugeständnisse machen und Kompromisse eingehen – es lohnt sich, diese nach den Gesprächen zunächst schriftlich für sich persönlich zu fixieren, sie dann vor dem Hintergrund seiner ursprünglichen Ziele und Ideale zu reflektieren, und dann nur jenes im Rahmen der Verhandlungen Angedachte anzunehmen, hinter dem man auch wirklich stehen kann.

- *Mit anderen im Ziel-Austausch bleiben.* Möglichst mit anderen, die im Projekt ähnliche Ziele und Interessen vertreten, im Austausch über das Ausmaß an Kompromissbereitschaft bleiben – dies gibt Sicherheit.

Es ist durchaus angebracht, gegenüber den Personen, mit denen man verhandelt, anzusprechen, wo die eigenen Grenzen der Kompromissbereitschaft liegen und zu erläutern, warum man nicht über bestimmte Grenzen hinausgehen möchte und kann. Im Sinne einer offenen Kommunikation sollte durchaus geäußert werden, wo die Grenzen für den Abbruch der eigenen Bemühungen liegen. Dies sind z. T. sehr schwierige Entscheidungen, da die Grenzlinien oft schwer zu setzen sind, unter anderem, weil sie von zahlreichen Faktoren abhängen. Solche Faktoren sind beispielsweise die Einschätzung der Wahrscheinlichkeit des Erreichens von zumindest zentralen Teilzielen und das Ausmaß an Hoffnung, in späteren Aufbauschritten doch noch einzelne Bereiche optimieren zu können. Häufig erfolgt der Aufbau primär aufgrund von Idealismus – und wenn die vom Idealismus geprägte Motivation aufgrund nicht aussichtsreicher Zielerreichung schwindet, kann dies frustrierend und anstrengend werden. Daher meine Empfehlung, sich seinen Idealen möglichst treu zu bleiben und im Verlauf des Aufbaus nicht allzu sehr von ihnen abzurücken.

71. Gremien ernst nehmen und nutzen

Gremien sind permanente Wegbegleiter von Aufbauenden: sie beraten (z. B. wissenschaftlicher Beirat, Expert*innen-Kommission) und/oder entscheiden (z. B. Vorstand, Rektorat, Senat, Fakultätsrat). Insbesondere bei Strukturentwicklungen, häufig auch bei inhaltlichen Veränderungen, werden Gremien in verschiedenen Phasen eingebunden. Sie können Entwicklungen zustimmen, sie stoppen, sich Modifikationen wünschen oder diese explizit fordern. Gremien sind daher mächtig. Und sie sind in aller Regel sinnvolle und wichtige Einrichtungen an Universitäten, da sie meist divers zusammengesetzt sind und sich hier zahlreiche Kompetenzen bündeln. Man ist gut beraten, wenn man Gremien sehr ernst nimmt, d. h. die dort geäußerte Kritik oder auch dort ausgesprochenen Empfehlungen wirklich berücksichtigt. In Gremien sind in der Regel Repräsentant*innen unterschiedlicher Bereiche vertreten (z. B. Sektion, Studierende, Gleichstellung), d. h. die Mitglieder sprechen, wenn sie verantwortlich mit ihrer Gremienrolle umgehen, nicht für sich als Einzelpersonen, sondern eben als Vertreter*innen mehr oder weniger großer und einflussreicher Bereiche. Das heißt, wenn hier Kritik geäußert wird, die man im Laufe der Projektentwicklung durch entsprechende Handlungen nicht entkräften kann, so kann dies Entwicklungen stark blockieren, selbst wenn die Mehrheit des Gremiums dem Aufbau zustimmt. Zudem führt die Diversität in Gremien häufig dazu, dass dort neue Perspektiven einfließen, welche man evtl. zuvor nicht bedacht und berücksichtigt hat. Gremien wirken oft wie ein Seismograph – durch sie kann sichtbar werden, ob im Hintergrund irgendwo etwas bebt, was früher oder später zu Problemen, Blockaden oder gar einem Einsturz führen könnte. Zudem merken Gremien in der Regel sehr schnell, ob sie von den betroffenen Personen ernst genommen werden, und entsprechend wird die Kommunikation im Gremium und ihr Ausmaß an Konstruktivität davon geprägt sein. Hinzu kommt, dass man häufig mehrfach in dasselbe Gremium eingeladen wird und sich hier einen gewissen Ruf schafft – ein schlechter Eindruck führt bei der nächsten Sitzung zu möglichen und meist durchaus angebrachten Ressentiments. Hier ein paar Tipps zur Vorbereitung auf Gremiensitzungen und zum Agieren in Gremien, in welchen man seine Pläne oder Baustellen präsentiert:

- *Informiert sein.* Vor einer Sitzung ist es wichtig, sich zu informieren, wie sich das Gremium zusammensetzt – entsprechend können realistische individuelle Ziele und Erwartungen formuliert werden – und in der Sitzung kann entsprechend agiert werden.

- *Vorab Einzelgespräche führen.* Meist ist es sinnvoll, vor der Sitzung Einzelgespräche zu führen. Zum einen, um die Einstellungen einzelner Personen zu erfahren, zum anderen, um in Vorgesprächen bereits einzelne Personen für das Projekt gewinnen zu können. In Einzelgesprächen kann man, allein schon aus Zeitgründen, viel stärker auf Kritik und Anregungen eingehen als in der Sitzung selbst. Dies ist sicherlich zeitaufwändig – insofern kann man sich mit diesem Vorgehen insbesondere auf zentrale Sitzungen konzentrieren.

- *Sich kurz und prägnant und dadurch wertschätzend äußern.* Wenn man in der Sitzung ein Statement abgibt, dann sollte dies möglichst kurz und prägnant sein. Ansonsten würde wertvolle Zeit für einen Austausch vergeudet werden – und falls keine Zeit dafür bleibt, dann wird das Gremium zu einem reinen Abstimmungsorgan, was für alle Seiten sehr unerfreulich wäre. Selbst wenn einige denken, langes und ausschweifendes Reden würde ein Ausdruck von Macht und Selbstbewusstsein sein, so wirkt es im Grunde meist hilflos, unnütz, penetrant, nicht souverän – und strapaziert die Nerven der anderen.

- *Materialen rechtzeitig vorab versenden.* Materialien sollten dem Gremium so früh wie möglich vorliegen – noch am Abend vor der Sitzung Materialien zu versenden wird beispielsweise oft (und zu Recht) als Zumutung gesehen – die Mitglieder fühlen sich nicht ernst genommen. Offizielle Gremien haben ohnehin meist eine Satzung, in welcher formuliert ist, wie lange vor der Sitzung die Materialien zur Verfügung stehen müssen.

- *Anregungen und Kritik ernst nehmen.* Im Gremium geäußerte Anregungen oder auch Kritik sollten immer sehr ernst genommen werden. Es ist gut, dies verbal und non-verbal bereits in der Sitzung zu signalisieren.

- *Danken.* Am Ende einer Sitzung ist es angebracht, sich bei dem Gremium zu bedanken – alle investieren schließlich ihre wertvolle Zeit.

Gremien sollten niemals unterschätzt werden – sowohl was ihren Einfluss, als auch ihre Kritik und ihre Empfehlungen anbelangt. Gewinnt man bei Aufbauarbeiten Gremien mit einer großen Mehrheit oder gar einstimmig für sich, kann dies Prozesse sehr beschleunigen und beflügeln.

72. Die (eigentlichen) Motive anderer erkennen

Bei fast allen Veränderungsvorschlägen bzw. entsprechend eingeleiteten Prozessen gibt es Personen die dafür, und welche die dagegen sind – und natürlich auch jene, denen es mehr oder weniger egal ist. Für Aufbauende ist es im Hinblick auf alle drei Gruppen wichtig zu wissen, welche Motive hinter diesen Haltungen stehen – was die Befürworter*innen anbelangt, so kann man mit Wissen über deren Motive ihr Unterstützungsverhalten evtl. noch verstärken; was die kritischen Stimmen anbelangt, so kann man den Gegenwind evtl. dadurch etwas mindern; und was jene mit der neutralen Einstellung anbelangt, so kann man ihnen evtl. Argumente liefern, warum eine Unterstützung durchaus sinnvoll sein könnte.

Günstig für die Gesamtkonstellation wäre es selbstverständlich, wenn offen über Motive gesprochen würde – dann sind diese auf dem Tisch und es kann entsprechend diskutiert und gehandelt werden. So können bei jenen, die gegen den Aufbau sind, beispielsweise die Inhalte des Aufzubauenden eine zentrale Rolle spielen – diese kann man häufig entsprechend der Rückmeldungen modifizieren. Für andere stehen evtl. die finanziellen Ressourcen im Vordergrund, die durch Veränderungsprozesse häufig neu verteilt werden – auch hier können entsprechende Interessen berücksichtigt werden.

Komplizierter wird die Angelegenheit, wenn die eigentlichen Interessen nicht kommuniziert werden – dann werden häufig auf einer bestimmten Ebene Argumente vorgebracht, obwohl die Motive aber auf einer ganz anderen Ebene lokalisiert sind. Dies kann der Fall sein, wenn z. B. nicht offengelegt werden möchte, dass keine Ressourcen abgegeben werden wollen, obwohl das Projekt prinzipiell für gut erachtet wird. In einem solchen Fall werden dann manchmal inhaltliche (Schein-)Argumente gegen das Projekt vorgebracht, um die es im Prinzip aber gar nicht geht. Die Ressourcen werden dann oft gar nicht thematisiert, da es in den Augen der anderen evtl. als unangebracht erscheinen würde, die materiellen Dinge hervorzuheben und diese über die inhaltlichen Gesamt-Weiterentwicklungen zu stellen. Entsprechende Scheindiskussionen können sich dann endlos hinziehen, weil sie das eigentliche Problem nur umkreisen.

Es gibt eine Fülle von Aspekten und Perspektiven, die für andere bei der Beurteilung eines Aufbauprozesses eine Rolle spielen können. Hier ein paar Beispiele zur Verdeutlichung:

- Inhalte (z. B. Einschätzungen der Sinnhaftigkeit des Projekts, empirische Evidenz und Erfahrung zum potenziellen Gelingen);

- Verantwortung (z. B. Erfüllung eines gesellschaftlichen Auftrags durch das Projekt, Sinnhaftigkeit des Einsatzes von Steuergeldern);

- Ressourcen (z. B. Vorhandensein ausreichender personeller, finanzieller und zeitlicher Ressourcen);

- Leistung (z. B. Ertrag des Projekts, Ausmaß an Disseminationsmöglichkeiten);

- Macht (z. B. Einflussmöglichkeiten im Projektaufbau und durch das Projekt, Entscheidungspartizipation);

- soziale Eingebundenheit in das Projekt (z. B. Teamarbeit, Isolation);

- Emotionen (z. B. zu erwartende Emotionen beim Aufbau des Projekts – wie Freude, Stolz, Ärger, Angst, Scham, Neid und Langeweile);

- Motivation (z. B. Herausforderungen durch das Projekt, Neugier, Wissensdurst).

Sicher sind die beispielhaft genannten Aspekte nicht immer trennscharf, d. h. sie überlagern und beeinflussen sich teilweise. Aber sie können eine Grundlage zur Reflexion im Hinblick auf die potenziell vorhandenen Motive bilden. Es ist, wie gesagt, kompliziert, die „eigentlichen" Motive zu erkennen, falls diese nicht klar kommuniziert werden. Und keinesfalls sollten anderen bestimmte Motive unterstellt werden. Dennoch kann eine Reflexion zu den potenziellen Motiven der anderen sinnvoll sein – z. B. mit dem Ziel, konkret anzusprechen, ob es bei bestimmten Diskussionen nicht eigentlich um etwas ganz anderes geht als jenes, was vorgeschoben wird. Ob dies direkt angesprochen werden kann, hängt sicher von der Situation und vom Verhältnis zu und unter den Beteiligten ab. Grundsätzlich sollte man immer anstreben, seine eigenen Motive klar offenzulegen und auch andere dazu ermutigen. Nur so kann sinnvoll diskutiert werden und nur so ist effektive Aufbauarbeit realisierbar. Es ist auch spannend und wichtig, regelmäßig seine eigenen Motive zu reflektieren – unter anderem im Hinblick darauf, ob sie redlich sind.

73. Auffällige Verweildauern der Kamera erkennen

Insbesondere in Aufbauphasen ist es sehr hilfreich, Verlaufsunstimmigkeiten bewusst wahrzunehmen. Im Idealfall verläuft alles natürlich-fließend. Eine wirkliche

Kunst besteht darin, Abweichungen von diesem natürlichen Fluss zu erkennen. Gelernt werden kann hier z. B. von der Beobachtung der Kameraführung bei Filmen: Die Kamera bleibt oft für einen Moment länger auf etwas gerichtet, als man es eigentlich erwarten würde – und später zeigt sich dann, dass dies ein wichtiger Hinweis war. Beispielsweise verweilt sie im Auto einen auffälligen Moment länger am Aschenbecher und eine Stunde später sieht man ein ausgebranntes Auto. Oder die Kamera schwenkt an einen unerwarteten und scheinbar bedeutungslosen Ort, der jedoch zu diesem Zeitpunkt bereits hoch bedeutungsschwanger war, wie beispielsweise auf ein Fenster, aus dem später eine Person blickt, die das Leben einer anderen Person nachhaltig verändern wird. Solche kleinen Abweichungen vom Normalen zu erkennen hat bei Filmen für viele eine spielerische Komponente, in der Realität ist eine entsprechende Kompetenz aber manchmal von sehr großer Bedeutung. Hier ein paar Beispiele, die hellhörig machen könnten:

- etwas dauert länger als erwartet,

- etwas geht schneller als erwartet,

- es erfolgt keine Reaktion, obwohl diese erwartet wurde,

- es erfolgt eine Reaktion, obwohl diese nicht erwartet wurde,

- es gibt auffällig viele Rückfragen,

- es gibt auffällig wenige Rückfragen,

- spezifische Probleme treten immer wieder auf,

- eigentlich zu erwartende Probleme treten nicht auf,

- Rückmeldungen gehen über nachvollziehbare Kritik hinaus,

- Rückmeldungen bleiben hinter nachvollziehbarer Kritik zurück,

- eine Antwort ist länger als erwartet,

- eine Antwort ist kürzer als erwartet,

- ...

Oft ist es einfach Zufall, dass Dinge nicht wie erwartet verlaufen – d. h. man sollte sich hier nicht verrückt machen. Aber eine gesunde Wachsamkeit für Abweichungen vom erwarteten Fluss ist wichtig. Es sind oft die kleinen Zeichen, die kleinen Auffälligkeiten, das „Etwas-aus-der-Reihe-tanzen", die kleinen Signale, die es zu erkennen gilt, um mögliche ungünstige oder auch günstige Entwicklungen zu antizipieren und entsprechend rechtzeitig reagieren zu können (z. B. nachfragen). Die Kunst, Abweichungen vom Erwartbaren zu erkennen, erfordert Wachsamkeit und Gelassenheit zugleich – eben weil Abweichungen oft auch vom Zufall verursacht werden (z. B. Krankheit oder aktuell hohe Ressourcenauslastungen einzelner Personen). Gestaltpsychologisch könnte man es auch so ausdrücken, dass jenes erkannt werden sollte, was nicht Teil einer schlüssigen Gestalt ist.

74. Von der Gefahr, verbittert zu werden

Nicht nur im Alltag Aufbauender an Universitäten, sondern generell im Laufe des Lebens, besteht die Gefahr, infolge kumulativer negativer Erfahrungen verbittert zu werden – lyrischer ausgedrückt: Facetten seiner – im positiven Sinne – unbefangenen Kindlichkeit zu verlieren. Insbesondere, wenn Neues aufgebaut und Change Management betrieben wird, ist die Konfrontation mit Gegenwind nahezu allgegenwärtig. Nun kann aus solch durchaus negativen Erlebnissen Frustration und Verbitterung entwachsen – was schädlich für einen selbst, andere, und auch das aufzubauende Projekt ist. Hier ein paar Tipps, dieser Gefahr etwas vorzubeugen:

- *Dinge nicht (allzu) persönlich nehmen.* Meist geht es tatsächlich nicht um die Person, sondern um die Sache.

- *Gegenargumente bewusst anhören.* Mit jenen, die Gegenargumente liefern, häufig das Gespräch suchen – manchmal ergibt sich für einen selbst dann ein größeres und besser nachvollziehbares Gesamtbild.

- *Unfaires Verhalten thematisieren I.* Als unfair wahrgenommenes Verhalten durchaus bei den entsprechenden Personen ansprechen; jenseits der Wirkungen solcher Gespräche kann dies auch für das eigene Wohlbefinden förderlich sein.

- *Unfaires Verhalten thematisieren II.* Falls Ansprechen nichts nützt, auch hierarchisch höhere Ebenen einbeziehen – als unfair wahrgenommen Mittel dürfen nicht permanent zum Erfolg führen, dies kann nicht im Interesse einer Institution sein.

- *Sich zurückziehen.* Falls eine persönliche Distanzierung ebenso wenig möglich wie das Finden einer Lösung ist, so sollte in Betracht gezogen werden, sich aus der Angelegenheit zurückzuziehen, bevor der eigene Schaden zu groß wird.

- *Nicht zu unfairen Mitteln greifen.* Auf keinen Fall ist es ratsam, sich auf ein als unfair wahrgenommenes Spiel einzulassen, d. h. sich dazu verleiten zu lassen, ebenfalls zu unfairen Mitteln zu greifen.

- *Nicht nur mit den Problembären sprechen.* Immer auch im Austausch mit unterstützenden Personen sein – wenn man nur mit den Problembären spricht, dann unterschätzt man häufig das Ausmaß an Unterstützung, das vorhanden ist.

- *Auch ein Leben außerhalb der Universität führen.* Dies relativiert so manches.

Erkennt man bei sich selbst erste Ansätze, sich in Folge beruflicher Auseinandersetzungen in negative Richtungen zu entwickelt wie beispielsweise verbittert und frustriert zu werden, so sollte sehr schnell und kompromisslos reagiert werden – entweder indem man versucht, die Situation oder seine Einstellung hierzu zu verändern, oder indem man sich aus der Situation zurückzieht. Kein Aufbau ist es wert, sich selbst dabei menschlichen Schaden zuzufügen.

75. Offenheit und/oder Hidden Agenda?

Strategisches Handeln an der Universität sollte von größtmöglicher Offenheit gekennzeichnet sein, d. h. mit einer klaren Offenlegung der angestrebten Ziele und der zur Zielerreichung geplanten Wege. Transparenz schafft Vertrauen, ohne welches längerfristige Kooperationen nicht denkbar sind – und an Universitäten findet Zusammenarbeit meist in relativ stabilen personellen Konstellationen statt, sodass Vertrauensbrüche gravierend sind. Einfach ausgedrückt: Man sollte klar sagen, was man will, warum man es will und wie man sich vorstellt es zu erreichen. Dies kann die Grundlage für Diskussionen sein, welche dann weitere Entwicklungen bestimmen werden.

Sicherlich könnte man auch versuchen, auf der Basis einer Hidden Agenda (HA) seine Ziele zu erreichen – z. B. dadurch, dass man die eigentlichen Ziele nicht offenlegt, sondern angedachte Entwicklungen vorschiebt, um die es eigentlich längerfristig gar nicht geht. Oft geschieht dies durch eine konsequente Kommunikation von Teilzielen, die an sich sinnvoll erscheinen, in ihrer Summe jedoch einen Weg einschlagen, der von der HA geprägt ist. Treffen unterschiedliche HAs verschiedener Personen und Gruppierungen aufeinander, so wird der Prozess höchst komplex. HAs sind unfair und aus einer ethischen Perspektive inakzeptabel, weil sie die eigentlichen Ziele nicht offenlegen und weil andere somit manipuliert werden.

Aber wenn man persönlich keiner HA folgt, könnte es dann nicht sein, dass andere einer folgen und man selbst dann den Kürzeren zieht? Ja, das kann durchaus passieren. Aber hinter dem Handeln anderer nach HAs zu suchen sei wohlüberlegt. Dies wäre von einem Menschenbild des Misstrauens geprägt, was nicht gerade gesund ist und sicherlich auch nicht die Lebensfreude erhöht. Und selbst wenn andere auch manchmal einer HA folgen, was sicherlich immer wieder mal der Fall sein wird, dann ist es nun mal so, dass man das eine oder andere Mal über den Tisch gezogen wird – aber das ist sicher weniger schlimm, als hinter allem eine HA zu wittern. Und längerfristig fliegen HAs manchmal auf und Personen, die einer HA folgen, verlieren langfristig an Vertrauenswürdigkeit.

Um auf den Titel dieses Abschnitts zurückzukommen: „Offenheit und/oder Hidden Agenda?" Meine Antwort, von der ich sehr überzeugt bin, lautet: nur Offenheit und keine HA. Und mit dieser Aussage folge ich sicherlich keiner HA – z. B. in dem Sinne, dass nun alle glauben sollten, ich würde keinen HAs folgen.

Individuelles Handeln beim Aufbau

76. Aufbauen – oder es lassen?

Als Professor*in hat man in aller Regel einen wunderschönen Beruf mit überaus großen Freiheiten in Forschung und Lehre, sowie mit einem sonst kaum vergleichbaren Ausmaß an Gestaltungsspielraum bezüglich der Inhalte und der zeitlichen Einteilung seiner Tätigkeiten. Man hat praktisch keine Vorgesetzten und kann sich voll und ganz in Forschung und Lehre verwirklichen – und dies im Austausch mit inspirierenden Kolleg*innen, sowie mit Doktorand*innen, Studierenden und z. T. hoch spezialisierten Personen aus der Verwaltung, mit welchen man überaus anregende und erhellende Gespräche führen kann.

Sollte man vor diesem traumhaften Hintergrund in Forschung, Lehre und Austausch neue Strukturen schaffen, wie beispielsweise ein Institut, eine neue Fakultät, ein Center oder ein Kolleg? Auch wenn diese, erst einmal aufgebaut, selbstverständlich einen Beitrag zu Forschung und Lehre leisten können, so müssen sie dennoch zunächst im Rahmen eines Prozesses aufgebaut werden, der sich weit von Forschungs- und Lehrtätigkeiten im engeren Sinne wegbewegt. Um diese Frage zu beantworten, lohnt es sich, zunächst seine Motivation zum Aufbau zu ergründen. Ist Motivation vorhanden? Falls ja: warum? Hier ein paar Beispiele, worauf sich die Motivation gründen könnte:

- *Idealismus.* Man ist vom Nutzen des Aufzubauenden überzeugt.

- *Freude.* Der Aufbau macht Spaß.

- *Wissenserwerb.* Man kann viel im Hinblick auf Abläufe, Strukturen und Systeme lernen.

- *Macht.* Man möchte Einfluss haben (durchaus im positiven Sinne – etwas bewegen).

- *Leistung.* Eine Herausforderung, die man bewältigen möchte.

- *Soziales.* Der Austausch mit anderen wird positiv erlebt.

- *Gemeinschaft.* Gemeinsam etwas erschaffen wollen: Die Kooperation mit anderen kann sehr erfüllend sein.

- *Es nicht anderen überlassen.* Andere würden den Aufbau evtl. schlechter machen.

- *Anreize.* Z. B. Leistungszulagen und Reduktion des Lehrdeputats (sie stehen meist jedoch in keinem Verhältnis zum Arbeitsaufwand – primär stellen sie ein Zeichen der Wertschätzung und der Unterstützung dar).

- *Anerkennung durch andere.* Insbesondere wenn gute Prozesse ablaufen und positive Resultate erzielt werden.

- *Schnell sichtbare Erfolge.* Man erhält häufig relativ schnell sichtbare Ergebnisse, zumindest Teilergebnisse – im Gegensatz zu Publikationen beispielsweise, die in der Regel eines längeren Atems benötigen und abstrakter sind.

- *Thrill.* Man „will es wissen", sieht den spielerischen Charakter („Klappen meine Pläne?").

- *Gruppenidentifikation.* Man will Teil einer geschätzten Gruppe sein.

- *Reiz des Aufbaus an sich.* Sich hier professionell in einem spezifischen Bereich einbringen zu können, der einem liegt und interessiert.

Ist Motivation vorhanden und sind die eigenen Motive integer, so bedeutet dies noch lange nicht, dass dem Aufbau nichts mehr im Wege stünde. Ratsam ist es zu bedenken und zu antizipieren, mit welchen Kollateralschäden, Opportunitätskosten und sonstigen durchaus herausfordernden Dingen die Aufbauarbeit einhergehen könnte. Hier ein paar Beispiele zu möglichen Risiken in Aufbauphasen:

- *Stress.* Es kann (unerwartet) viel Arbeit bedeuten – Stress, Überlastung und Überforderung bis hin zum möglichen Burnout.

- *Fremdbestimmung.* So manche Freiheiten müssen evtl. aufgegeben werden, z. B. durch externe zeitliche Festlegungen (Sitzungen, Gremienarbeit, zahlreiche Termine in der vorlesungsfreien Zeit, viele Abendtermine, so mancher Wochenendtermin) oder durch von außen vorgegebene Inhalte (z. B. Qualitätskriterien – wie beispielsweise formuliert in Ausschreibungen oder anstehenden Evaluationsberichten).

- *Konflikte.* Es kann zu (unschönen) Auseinandersetzungen mit so manchen Menschen kommen, mit denen man sonst niemals kooperieren oder verhandeln würde (z. B. im Rahmen bestimmter Gremien oder mit externen Partner*innen) – z. B. aufgrund unterschiedlicher ethischer Sichtweisen.

- *Sich der Öffentlichkeit preisgeben.* Man steht möglicherweise viel stärker in der Öffentlichkeit und wird gegebenenfalls stark kritisiert.

- *Verlust an lebbarer Authentizität.* Man vertritt plötzlich nicht mehr nur die eigene Meinung, sondern spricht auch für eine Institution, d. h. es ist evtl. schwieriger, authentisch zu sein.

- *Weniger Zeit für Kernaufgaben.* Die Zeit für Forschung und Lehre könnte sich deutlich verringern – da insbesondere die Forschungsarbeiten an der Universität honoriert werden, entsteht hier ein indirekter persönlicher Nachteil (z. B. im Hinblick auf Projektanträge und Publikationsleistungen).

- *Kein Dank für viel Arbeit.* Man erhält selten Dank, da der Aufbau in der Regel übergeordnet für die Universität erfolgt, häufig jedoch als individuelle Mission der aufbauenden Person betrachtet wird.

- *Defensivität notwendig.* Man muss womöglich in Konflikten im Zweifelsfall eher defensiv auftreten, selbst wenn man dies nicht möchte – um dem Aufbau nicht zu schaden.

- *Langfristige Bindung.* Aufbauarbeiten binden z. T. auf Jahre an bestimmte Tätigkeiten – sie bereits nach kurzer Zeit abzubrechen wäre meist schädlich für das Aufzubauende und auch für einen selbst, in dem Sinne, dass einem dann das Label des Gescheiterten dauerhaft anhaftet.

- *Wissenschaftlicher Reputationsverlust.* Aufbauende werden manchmal nach einiger Zeit nur noch als Aufbauende einer bestimmten Einrichtung wahrgenommen und nicht mehr primär als Wissenschaftler*innen, was einen Reputationsverlust bedeuten kann – dies auch vor dem Hintergrund so mancher subjektiver Überzeugungen derart, dass in erster Linie jene etwas aufbauen, die in der Forschung wenig erfolgreich seien.

Entsprechend der durchaus nicht zu unterschätzenden wirklichen Herausforderungen, die mit Aufbauarbeiten einhergehen können, ist es empfehlenswert, sich sehr ernsthafte Gedanken zu diesen potenziell negativen Konsequenzen zu machen und abzuwägen, ob man vor dem Hintergrund des maximal Erreichbaren dazu bereit ist, diese in Kauf zu nehmen. Wichtig ist hierbei auch zu bedenken, dass man fast immer das Ausmaß an Arbeit unterschätzt – am Ende ist sie eben doch meist deutlich mehr als antizipiert. Empfehlenswert ist es auch, sich mit anderen zu einem möglichen Start einer Aufbauarbeit auszutauschen und auch Sichtweisen von jenen einzuholen, die schon mal Ähnliches aufgebaut haben. Wenn viele Personen von einem Aufbau abraten, so sollte man das m. E. sehr ernst nehmen und eher die Finger davon lassen. Sich in diesem Entscheidungsprozess coachen zu lassen, kann ebenfalls sehr hilfreich sein.

77. Widerstände antizipieren und damit umgehen

Wird das Aufzubauende von den Aufbauenden als für das Gesamtsystem eindeutig gewinnbringend gesehen, so ist ein Aufbau-Handeln in der „Das-Ist-Gut-Blase" wahrscheinlich – und gefährlich. So wird dann oft zu wenig nach links und rechts gesehen und, dies oft nicht realisierend, mit dem Kopf durch die Wand gegangen. Und das mit der selbstverständlichen Annahme, die Kolleg*innen an der Universität würden den Aufbau ebenfalls gut finden und selbstverständlich unterstützend mitwirken. Aber: Es gibt immer Personen, die mehr oder weniger große Bedenken haben – und dies aus diversen und z. T. durchaus berechtigten Gründen. Beispielsweise sehen sie den Sinn dahinter nicht, wittern Nachteile für sich selbst (z. B. Ressourcen- und Machtverlust, zusätzliche Arbeit), haben bessere Ideen, haben Angst vor den Veränderungen, sehen die Passung zu übergeordneten Zielen und strategischen Planungen nicht, möchten einfach nichts verändern (Veränderungsresistenz), sind neidisch, trauen es einem nicht zu, möchten lieber selbst gestalten usw.

Sich bewusst zu machen, dass es bei fast allen Aufbauarbeiten Widerstände gibt und diese auch normal und wichtig sind, kann nervenschonend sein und positiv auf Motivation und Persistenz wirken. Mindestens genauso wichtig wie das Erkennen dieser Widerstände, ist es, potenzielle Widerstände und deren Ursachen zu antizipieren, noch bevor man mit einem Aufbau bzw. konkreten Planungen beginnt. Perspektivenwechsel können hier äußerst hilfreich sein: Gegen was könnten andere etwas einzuwenden haben und warum und wann und wie? Empfehlenswert ist es auch, diese Fragen in einer möglichst interessensheterogenen Gruppe zu diskutieren. Es ist nicht sehr nützlich, diese immer nur mit Gleichgesinnten zu diskutieren – selbst wenn dies angenehm und schmeichelnd sein kann.

Bevor offizielle Aufbauschritte eingeleitet werden, ist es ratsam, möglichst viele Bedenken aus dem Weg zu räumen – durch erläuternde Gespräche mit den beteiligten Personen und häufig durch Kompromisse und das Schaffen von Anreizen. Fast immer können z. B. Elemente in das Geplante integriert werden, die für andere wichtig sind und an welche zunächst nicht gedacht wurde.

Das heißt, bevor offiziell etwas aufgebaut wird, sollte es bereits zahlreiche Absprachen und Modifikationen geben, sodass der offizielle Weg dann erfolgversprechend ist. Häufig werden hierbei Interessensgruppen übersehen, die dann in unerwarteter Weise starke Gegenargumente einbringen, gerade weil sie sich vor dem Hintergrund, dass mit anderen Gruppierungen bereits gesprochen wurde, ausgeklammert oder übergangen fühlen. Das heißt: Je intensiver über potenziellen Gegenwind, dessen Ursprung und Richtung nachgedacht wird, desto besser.

Selbstverständlich ist es auch wichtig zu antizipieren, von welchen Seiten Unterstützung zu erwarten ist. Für die Entscheidung für oder gegen einen Aufbau ist dies sogar eine zentrale Größe. Nur sollte man nicht der Gefahr anheimfallen, blauäugig die möglichen Widerstände zu ignorieren.

78. Sich einarbeiten, sich coachen lassen, sich Mentor*innen suchen

Wenn der Aufbau innerhalb einer Universität nicht gerade zufällig ein von den Aufbauenden behandeltes Forschungsfeld ist (z. B. in der Arbeits- und Organisationspsychologie), dann sind Professor*innen in diesem Bereich in der Regel nicht wirklich ausgebildet und kompetent. So trivial es auch klingt: Eine Einarbeitung in die Thematik und/oder ein entsprechendes Coaching möglichst vor und auch während des Aufbaus (und evtl. auch im Anschluss daran – im Sinne einer Nachbereitung) ist überaus empfehlenswert. Management-Tätigkeiten an der Universität sind meist höchst komplex und gehen oft mit einer großen Verantwortung für andere (und natürlich auch für sich selbst) einher, der Aufbauende durch professionelles Handeln gerecht werden sollten. Nicht selten hängen von solchen Tätigkeiten langfristig gelingende Entwicklungen und Personalstellen ab. Und Einarbeitung, Fortbildung und Coaching sind trotz sicherlich hoher Investitionen zu Beginn und auch während des Prozesses letztlich ressourcensparend (zeitlich, kognitiv und emotional) – unprofessionelles Handeln zieht oft Probleme nach sich, deren Lösung dann deutlich aufwändiger (zeitlich, kognitiv und emotional) sein kann als die Einarbeitung. Neben entsprechender Einarbeitung in die Literatur (z. B. in Themen wie Change Management) ist Coaching ein in der Regel relativ wenig Zeit in Anspruch nehmendes Vorgehen – hier beraten und unterstützen Profis in der ganz spezifischen Situation. Die Einarbeitung und auch das Coaching kann individuell oder in einer kleinen Gruppe von z. B. Projektverantwortlichen erfolgen – letzteres kann motivierend sein, ist aber oft auch aufwändiger, allein schon durch die Koordination der Gruppe und ein evtl. unterschiedliches Ausmaß an Vorwissen, Erwartungen, Motivation und Interesse der Teilnehmer*innen. Herausfordernd ist es, einen guten Coach zu finden – hier sind Empfehlungen zentral und an manchen Universitäten existiert bereits ein Netzwerk an entsprechenden Unterstützungssystemen, von denen man häufig gar nichts weiß (z. B. aufgebaut durch die Abteilung „Academic Staff Development").

Coaching kostet auch Geld. Insofern empfiehlt es sich für Aufbauende, bei der Universitätsleitung Gelder für ein solches Coaching zu beantragen – für die Universität ist dies zweifelsohne eine gute Investition. Wird Geld für das Coaching im Kontext einer Aufbaumaßnahme beantragt, so ist die Reaktion darauf auf Leitungsebene bereits ein wichtiger Indikator dafür, wie wichtig der Institution dieser Aufbau ist, d. h. wie sehr sie dahintersteht. Werden solche relativ kleinen Beträge abgelehnt, dann ist es angebracht genauer hinzusehen und herauszufinden, ob es institutionell wirklich gewünscht ist, sich hier überhaupt zu engagieren.

Alternativ zum Coaching oder auch ergänzend dazu, kann ein*e Mentor*in bei Aufbauarbeiten überaus hilfreich sein. Insbesondere erfahrene Kolleg*innen wissen, wie das System Universität im Innern funktioniert und können unschätzbare

Unterstützung leisten. Gegenüber externen Coaches verfügen sie über ein spezifisches Systemwissen. So manche*r Kollegin*Kollege unterstützt sicherlich gerne – empfehlenswert ist es, sich an Personen zu wenden, die bereits erfolgreich etwas an der Universität aufgebaut haben.

79. Offensiv/defensiv – quasi unlösbar

Wie sehr man generell und auch situationsabhängig eher offensiv oder defensiv auftritt ist eine wichtige, bewusst zu treffende Entscheidung. Sicherlich hängt dies sehr von der eigenen Persönlichkeit ab – aber innerhalb des Persönlichkeitsrahmens gibt es dennoch einen relativ großen Handlungsspielraum. Manchmal scheint es angebracht, offensiv für etwas einzustehen – und offensives und evtl. auch hartnäckiges Handeln zeigt ja durchaus Wirkung. Häufiges offensives Auftreten wird jedoch irgendwann als persönliche Baseline des Verhaltens und längerfristig nicht mehr als besonderer Einsatz für eine herausragend wichtige Angelegenheit interpretiert. Da es für nahezu alle aufzubauenden Dinge auch (z. T. sehr überzeugende) Kontra-Argumente gibt, ist defensiveres Auftreten in der Regel ehrlicher, aber eben häufig weniger wirksam.

Insgesamt handelt es sich bei dieser Thematik auch um eine Stilfrage: Setzt man sich ganz klar für die von einem priorisierte Lösung ein und vertritt diese vehement ungeachtet der Kontra-Argumente – oder berücksichtigt man bei der eigenen Argumentation diese Kontra-Argumente und äußert sich in der Form, dass bei einer persönlichen Gesamtabwägung der von einem postulierte Weg als (etwas, deutlich usw.) besser eingeschätzt wird. Durch dieses Entgegenkommen kann selbstverständlich die eigene Position nicht mehr so massiv vertreten werden. Probleme entstehen für einen dann, wenn die Gegenpartei anders agiert und ausschließlich ihre eigenen Interessen sieht und vertritt: In diesem Fall wirkt für Außenstehende, sich nicht mit den Argumenten intensiv beschäftigende oder wenig involvierte Personen die Gegenpartei deutlich stärker. Das heißt ein entgegenkommendes, ehrliches und die anderen wertschätzendes Verhalten kann in diesem Fall für die Realisierung der eigenen Interessen nachteilig sein. Das ist eine wirkliche Zwickmühle: Objektives, ehrliches und faires Verhalten führt dazu, dass jene sich durchsetzen, die – in nicht objektiver, unehrlicher und unfairer Weise – bewusst nur ihre Argumente sehen und vertreten.

Hier einen für sich guten Weg zu finden ist schwierig. Aufgrund eigener Offenheit über den Tisch gezogen zu werden ist bitter. Sich auf das Niveau eines egozentrischen Spiels zu begeben ebenso. „Der Zweck heiligt die Mittel" – dies wird in solchen Situationen sehr häufig als Rechtfertigung für unlauteres Handeln angebracht. Persönlich erachte ich diesen Satz für völlig falsch. Es gibt nun mal bestimmte Grundprinzipien im Leben – und warum sollten diese nur in spezifischen Situationen gelten? Abhängig vom Agieren anderer seine Ideale zu verkaufen kann – möglicherweise – kurzfristig zu kleinen persönlichen Erfolgen führen, langfristig hingegen schadet es dem Gesamtsystem und am allermeisten einem selbst.

Es stellt sich die Frage, wie in solchen Fällen agiert werden kann. Eine Möglichkeit besteht darin, die Gesamtsituation auf einer Meta-Ebene anzusprechen, d. h. zu thematisieren, dass man selbst durchaus die andere Perspektive einnimmt, die Gegenseite hingegen nicht – und dies zu einem unfairen Ungleichgewicht führt. Paradox ist hierbei, dass man dadurch erneut beide Seiten thematisiert, d. h. auch die Gegenseite sieht – und man erneut das Risiko eingeht, dass dies von der anderen Seite nicht aufgenommen wird. Aber häufig kalibriert das Einnehmen einer Meta-Perspektive das Gesamtsystem neu und oft lässt sich eine unsymmetrische Situation dadurch auflösen. Manchmal ist das Problem hingegen, sehr abhängig von der anderen Partei, kaum lösbar.

80. Nicht in Aktionismus verfallen – aber auch nichts versäumen

Etwas aufzubauen bedeutet, sich in die Welt der Politik zu begeben – und hier sind die Abläufe manchmal erstaunlich schnell. Beispielsweise kann eine (entscheidende oder massive) Kritik irgendwo geäußert werden und, obwohl sie evtl. nicht gerechtfertigt ist, sich mündlich oder auch via Medien rasant verbreiten. Werden falsche oder verzerrte Fakten, oft aus Unwissenheit, verbreitet, so kann dies in kürzester Zeit zu nachhaltigen Schäden im Projektaufbau führen. In solchen Fällen stellt sich dann häufig die Frage, ob schnell reagiert werden sollte – beispielsweise indem versucht wird, die Kommunikationswelle weitgehend zu stoppen oder indem eine Berichtigungswelle initiiert wird oder indem mit zentralen, letztlich die Entscheidungen treffenden Personen Kontakt aufgenommen wird, noch bevor der Schaden allzu groß ist. In solchen Situationen fühlt man sich oft getrieben und hechelt den Entwicklungen hinterher, in der Hoffnung wieder die Kontrolle zu erlangen. Ein Problem in diesem Kontext besteht auch darin, dass nicht alle Kommunikationswellen gesehen oder antizipiert werden können, sodass latent immer Sturmwarnungsstimmung vorhanden ist.

Nun kann man sich hier völlig verrückt machen und überall etwas wittern. Entscheidend ist, für sich ein gutes Maß an Aktivität zu finden – d. h. sich die Frage zu stellen, wann, wie und ob man überhaupt auf Kommunikationswellen reagiert. Wenn man zu häufig reagiert, dann lässt man sich von anderen treiben und strahlt nicht gerade Souveränität aus. Wenn man zu wenig reagiert, kann es dem Projekt schaden und es wirkt so, als sei einem negatives Gerede über das Projekt gleichgültig. Es ist wirklich eine sehr schwierige und persönliche Entscheidung, ein individuell gutes Maß an Handlungen zwischen den Polen „Aktionismus" und „nicht reagieren" zu finden. Meine Erfahrung ist, dass sehr überstürzte Aktionen meist wenig erfolgreich sind, weil sie zwangsläufig nicht gut überlegt und geplant sind. Eine gewisse Ruhe zu bewahren und sich nicht zum Spielball von Kommunikationswellen machen zu lassen, ist sicher empfehlenswert und man schafft dadurch auch ein entsprechend souveränes Bild von sich. Wenn man einer generell überzeugenden und guten Sache verpflichtet ist, so sollte man sich von kleinen Beben nicht gleich aus der Spur bringen lassen.

81. "Quitting can be good for you" II – Ausstieg aus dem Aufbau

Eine wichtige Kompetenz Aufbauender besteht darin, zu erkennen, wann der Zeitpunkt gekommen ist, vom Aufbau Abstand zu nehmen – d. h. es zu lassen. Überschreitet man diese Quitting-Grenze, so erzeugt dies nur Leid für alle Beteiligten – und einen selbst. Ein Aufbau-Stopp erfolgt nicht zwangsläufig aufgrund von Resignation, Inkompetenz, Feigheit oder Faulheit – manchmal ist es schlichtweg rational und angebracht aufzuhören. Vor allem wenn erkannt wird, dass von den Aufbauenden das Projekt anfangs zu positiv eingeschätzt wurde, oder wenn auch nach längeren Diskussionsrunden keine Gremienmehrheiten den Prozess mittragen, dann ist Quitting wohl die beste Wahl. Durch Quitting wird selbstverständlich viel Arbeit in den Sand gesetzt, durch sinnlose und blinde Weiterführung jedoch häufig noch mehr. Quitting fällt oft sehr schwer, eben weil für einen selbst und auch für andere der Eindruck entstehen kann, dass viel Arbeit umsonst erledigt wurde. Hier kann man gut im oben formulierten Sinne argumentieren, dass ein Stopp besser ist als noch mehr unnötige Arbeit zu produzieren, deren Erfolg höchst fragwürdig erscheint.

Wie kann erkannt werden, wann der Zeitpunkt für Quitting gekommen ist? Zu früh aufzugeben ist ebenso schädlich wie nicht Aussichtsreichem anzuhaften. Neben den eigenen Erfahrungen und dem In-Sich-Hineinhorchen sind hier objektive Fakten (Erfolgsanalyse zu dem Bisherigen) und Gespräche mit anderen Personen wichtig – mit Personen, die ebenfalls stark involviert sind, aber auch mit Personen, die Distanz zum Projekt haben und eine Außenperspektive einbringen können.

Wichtig ist es, Aufbauarbeiten auf eine gute Art und Weise zu stoppen. Transparenz ist hierbei von hoher Bedeutung: Werden die Beweggründe offen kommuniziert, so ist Quitting in der Regel für alle nachvollziehbar. Erstrebenswert ist es auch, im Quitting-Prozess nicht resigniert zu sein und negative Emotionen oder gar Schuldzuweisungen zu transportieren. Und die Kommunikations- und Informationslogistik spielt auch beim Quitting eine große Rolle. Etwas zu beenden ist oft ein großer Schritt, der, wenn nicht gut kommuniziert, negativ bewertet werden kann. Insofern ist hier eine gute Kommunikationsstrategie von hoher Relevanz.

Eine andere Form von Quitting besteht darin, sich aus einem gut laufenden Aufbauprojekt zurückzuziehen. Dies kann sehr viele Vorteile für das Gesamtprojekt haben: Man schafft sich bei jedem Aufbauprojekt auch Gegner – bei einem Wechsel eröffnet sich hier eine neue Chance, diese wieder für das Projekt zu gewinnen. Und man wird im Laufe der Zeit etwas betriebsblind - neue Personen können wieder neuen Schwung und neue Ideen und Perspektiven in das Projekt bringen.

Quitting kann für einen persönlich auch sehr bereichernd sein. Es bedeutet immer auch, dass anschließend Ressourcen für andere Dinge zur Verfügung stehen. Es kann wieder Neues entstehen, die Arbeitsbelastung kann sich deutlich reduzieren, Forschung und Lehre können wieder ein stärkeres Gewicht bekommen und die eigene Stellung an der Universität kann sich wieder neu kalibrieren. Quitting bringt in vielerlei Hinsicht Dynamik in ein System.

Oft fällt es schwer, von den Dingen, in die man viel investiert hat, loszulassen. Ein diesbezüglich m. E. überaus wichtiger Tipp ist, schon von Beginn an einen möglichen Ausstieg einzuplanen, z. B. indem man die Prozesse im Projekt nicht allzu sehr auf sich konzentriert, sondern vielmehr von Anfang an versucht mitverantwortliche Personen zu gewinnen (z. B. Stellvertreter*innen), die gegebenenfalls später die Leitung übernehmen können. Sich noch vor Beginn einer Aufbauphase Gedanken über den persönlichen Ausstieg zu machen (z. B. wann und wie) ist sehr empfehlenswert und auch beruhigend.

Strategien, die man erkennen, aber nicht anwenden sollte

Ich habe durchaus abgewogen, inwieweit es angebracht ist, die im Folgenden dargestellten Strategien in das Buch aufzunehmen. Da ich sie selbst immer wieder erlebt oder von Kolleg*innen erfahren habe, dass sie damit konfrontiert waren, schreibe ich diese Strategien auf, damit die Leser*innen dieses kleinen Buches sie gegebenenfalls rechtzeitig erkennen und entsprechend reagieren können. Gerade für jene, die wenig Erfahrung im Aufbau haben, kann es hilfreich sein, entsprechend sensibilisiert zu sein.

Zur 1. Version des vorliegenden zweiten Teils des Buches hatte ich Rückmeldungen von mehreren Personen erhalten. Hier ein entsprechender Auszug: „An einigen Stellen erscheint mir die Betrachtungsebene recht abstrakt bis hin zu furchteinflößend – auf dieser Grundlage hätte ich als potenzielle*r bzw. frischgebackene*r Leiter*in einer Einrichtung Angst vor den vielen undurchsichtigen Intrigen und sonstigen schwer zu bewältigenden Anforderungen. Hier würde ich mich nicht abgeholt fühlen". Dieser Kommentar bezog sich primär auf die nun folgenden Abschnitte. Hierzu möchte ich anmerken, dass diese Strategien selbstverständlich in aller Regel nicht geballt auftreten und es meist auch längere Phasen gibt, in welchen man mit keiner einzigen dieser Strategien konfrontiert ist.

Zudem möchte ich anmerken, dass manche der im Folgenden genannten „Strategien" häufig gar nicht bewusst als Strategien eingesetzt werden, sondern so manches Verhalten auch in Folge von Unwissenheit und Hektik – manchmal auch in Folge von Naivität – erfolgt. In jeder Zusammenarbeit passieren Fehler, aus ganz diversen Gründen, und solche Fehler stets als strategisch und intentional zu interpretieren wäre unangebracht und schlichtweg falsch. Aber manchmal kann es sich eben doch um bewusst eingesetzte Strategien handeln.

82. Sich nicht äußern

Falls Personen gleicher oder ähnlicher Meinung sind, so können sie gemeinsam etwas in eine entsprechende Zielrichtung bewegen. Falls sie unterschiedliche Meinungen vertreten, so können sie sich austauschen, diskutieren, streiten, abwägen und häufig einen für alle Beteiligten akzeptablen Kompromiss finden. Entwicklungen leben vom Austausch, von der Diskussion, manchmal auch vom Streit. Die eigene Meinung zu äußern ist immer fair, egal ob diese im Einklang mit anderen steht oder nicht.

Unfair ist es hingegen, seine Meinung bewusst nicht kundzutun, sich bedeckt zu halten und dann hinter der Bühne entsprechend seiner Überzeugungen zu agieren. Falls eine Person z. B. eine andere Meinung vertritt als jene der Aufbauenden, so können diese entsprechend reagieren, Handlungen antizipieren (z. B. Abstimmungsergebnisse, Koalitionen, sich entwickelnde Diskussionen) und Kompromissvorschläge entwickeln. Äußert diese Person ihre Meinung jedoch nicht und handelt im Hintergrund entsprechend ihrer Überzeugung, so gibt sie der anderen Seite keine Chance zum Dialog – was für diese insbesondere dann höchst problematisch ist, wenn sie die Minderheit bildet. Falls man als Vertreter*in einer Mehrheit oder auch nur als Einzelperson seine Meinung nicht äußert und damit anderen keine Chance zum ausgleichenden oder einen Kompromiss anstrebenden Agieren gibt, so ist dies zwar kurzfristig gedacht für diese Person oft zielführend, jedoch ist es höchst unkollegial und aus einer ethischen Perspektive überaus problematisch. Zum Glück können einzelne Personen eine solche Strategie nicht oft einsetzen, da sie sehr auffällig ist und sie so ihre Vertrauenswürdigkeit (zu Recht) verlieren.

83. Nicht vorhandene Unterstützung signalisieren

Diese Überschrift ist möglicherweise etwas missverständlich – gemeint ist nicht, dass Nicht-Unterstützung signalisiert wird. Es ist vielmehr gemeint, dass Unterstützung signalisiert wird, welche jedoch überhaupt nicht vorhanden ist. Dadurch werden die Signalempfänger*innen in Sicherheit gewogen, sie sind beruhigt und gehen davon aus, dass alles einen guten Verlauf nehmen wird; sie rechnen mit Unterstützung, Entgegenkommen und Wohlwollen und sind zudem manchmal auch noch überaus dankbar und beeindruckt. Und viele durchschauen bis zum Ende nicht, dass es diese Unterstützung niemals wirklich gab und vermutlich auch nicht geben wird.

Diese Strategie ist wirklich übel und nicht empfehlenswert. Sie wird primär eingesetzt, um zu vertrösten und sich hinter scheinbarer Unterstützung zu verstecken, weil die Nicht-Unterstützung nicht offen kommuniziert werden will oder kann. Man lässt andere dadurch auflaufen und bremst Entwicklungen aus, weil sich diejenigen, die sich in Sicherheit wiegen, oft aufgrund der (scheinbar) ohnehin vorhandenen Unterstützung und externen Power weniger stark engagieren. Das heißt, durch diese Strategie können Entwicklungen nicht nur gebremst, sondern sogar boykottiert werden. Hier ein paar Szenarien, die hellhörig machen sollten – sie sind häufig ein Indikator dafür, dass im Grunde keine Unterstützung vorhanden ist, wobei auch Faktoren jenseits der Nicht-Unterstützung (z. B. Überforderung) derartige Muster entstehen lassen können:

- „Ich werde mich darum kümmern" – aber es passiert nichts.

- „Das kann ich übernehmen; ich melde mich, wenn es erledigt ist" – aber niemand meldet sich.

- „Tolle Idee – ich hole noch andere mit ins Boot, die uns dabei helfen" – es kommt aber niemand – auch kein Boot.

- „Gemeinsam bekommen wir das hin" – es gibt aber kein Gemeinsam.

- „Ich werde das in verschiedenen Gremien befürworten" – es kommt aber auf keine Agenda.

Von der übelsten Seite zeigt sich diese Strategie, wenn Unterstützung, die gar nicht vorhanden ist, von jenen signalisiert wird, die andere deshalb bewusst ruhigstellen wollen, weil sie andere Ziele vertreten und infolge der Ruhigstellung der Gegenspieler dann weitgehend ungehindert agieren und ihre Interessen verwirklichen können. Das Tückische an dieser Strategie ist, dass sie schwer erkannt werden kann – oft erhält man keine Unterstützung, weil anderen schlichtweg die Zeit fehlt. Aber oft fehlt tatsächlich der Unterstützungswille, obwohl er aktiv signalisiert wird.

84. Einen Negativ-Diskurs eröffnen

Eine ethisch völlig inakzeptable Strategie besteht darin, Entwicklungen zu schaden oder sie gar zu verhindern, indem ein entsprechender Negativ-Diskurs eröffnet wird, d. h. indem eine Idee, eine Entwicklung, ein Projekt oder gar eine Person in einen negativen Frame gesetzt wird. Diskurse sind ausgesprochen wirkmächtig – und einmal eröffnet, sind sie kaum mehr zu stoppen und häufig auch nur schwer eingrenzbar. Durch die Initiierung eines Negativ-Diskurses können Aufbauprojekte massiv beschädigt und häufig sogar gestoppt werden. Besonders problematisch hierbei ist, dass diejenige Person, von welcher der Negativ-Diskurs eröffnet wurde, meist nicht identifizierbar ist, d. h. eine Person, welche den Diskurs eröffnet hat, kann in der Regel völlig unbeschadet aus den initiierten Negativ-Entwicklungen herausgehen. Hier ein paar Tipps, wie Negativ-Diskurse frühzeitig erkannt werden können:

- *Auftauchen negativ besetzter Wörter im Kontext des Projekts.* Plötzlich tauchen neue, auf das Projekt bezogene negative Begrifflichkeiten auf, wie beispielsweise Wortspiele mit negativer Konnotation oder Wörter, die negative Assoziationen auslösen.

- *Diese Wörter nehmen zunehmend Raum ein.* Plötzlich werden solche Wörter von mehreren Personen verwendet – und die Begrifflichkeiten breiten sich aus.

- *Die Wörter kommen zu einem.* Man wird auf entsprechende Wörter und scheinbar negative Entwicklungen mehr oder weniger direkt angesprochen.

- *Negative Sichtweisen auf das Projekt.* Das Projekt erscheint bei anderen mehr und mehr in einem negativen Licht – was direkt oder indirekt über Äußerungen und Handlungen wahrnehmbar ist.

Diskurse sind wirklich sehr schwer zu stoppen. Negativ-Assoziationen bleiben bei jedem Negativ-Diskurs in den Köpfen der beteiligten Personen hängen und sind nie mehr wieder in Vergessenheit zu bringen. Negativ-Diskurse bewusst zu initiieren ist eine üble Strategie, welcher man relativ ohnmächtig gegenübersteht und die häufig lediglich beobachtet werden kann. Auf keinen Fall sollte man selbst diese Strategie einsetzen.

85. Destruktives als Konstruktives framen

Eine ebenfalls üble, manchmal anzutreffende Strategie besteht darin, scheinbar konstruktiv, in Wirklichkeit jedoch destruktiv zu sein. Hier ein paar Beispiele dazu:

- *„Im Dienste einer positiven Weiterentwicklung muss ich schon mal folgende Kritik äußern: ...".* Und dann folgt eine ungerechtfertigte Kritik, die positive Entwicklungen und insgesamt Weiterentwicklungen verhindert.

- *„Ich frage mal ein paar Personen, welche Ideen diese im Hinblick auf eine positive Weiterentwicklung haben".* Die Intention solcher Gespräche besteht jedoch eigentlich darin, negativ über die Institution zu sprechen – es geht gar nicht um das Ziel einer positiven Weiterentwicklung.

- *„Ein Neustart könnte die Institution wirklich beleben".* Allein schon der Begriff „Neustart" rückt alles bisher Entwickelte in ein negatives Licht – es geht ja schließlich nicht um Optimierung und Weiterentwicklung, sondern es sollte einen „Neustart" geben. Das klingt zunächst positiv, schädigt jedoch die Institution und die aufbauenden Personen massiv.

- *„In den Neustart müssen so viele wie möglich einbezogen werden".* Dies ist noch schlimmer. Es klingt zunächst nach angestrebter Partizipation im Hinblick auf positive Weiterentwicklungen; im Grunde geht es jedoch häufig einfach darum, möglichst vielen indirekt zu sagen, wie schlecht und inakzeptabel alles Bisherige war.

Wenn diese Strategie schlau eingesetzt wird, so wird sie von vielen gar nicht erkannt, und tatsächlich entsteht der Eindruck, die Person wolle positiv auf die Entwicklungen einwirken. In Wirklichkeit geht es jedoch häufig um massive Kritik. Selbstverständlich ist ein solches Vorgehen völlig inakzeptabel – man sollte es kennen, um entsprechend reagieren zu können. Auch hier gilt, dass das beschriebene Verhalten nicht immer als strategisch zu bezeichnen ist – manchmal werden entsprechende Äußerungen unüberlegt oder einfach auch aus Unwissenheit um deren subtile Wirkungen gemacht. Besser wird das Ganze in der Sache dadurch natürlich nicht.

86. Zielaffin paraphrasieren

Von Einzelpersonen oder Gruppen getroffene Aussagen werden häufig mündlich oder schriftlich weitergegeben. Eine immer wieder anzutreffende, jedoch völlig inakzeptable Strategie besteht darin, dass Personen solche Aussagen entsprechend ihrer eigenen Zielsetzungen paraphrasieren oder framen. So können Aussagen völlig verzerrt wiedergegeben werden. Wenn große Bedenken geäußert werden, so wird dies z. B. als „stimmt grundsätzlich zu" formuliert; oder falls etwas als völlig inakzeptabel in einer Sitzung deklariert wird, dann kann es als „hat Bedenken" kommuniziert werden; oder aus „großartig" kann „akzeptabel" werden, usw. Man sollte sehr darauf achten, wie andere Personen die Aussagen, die man getroffen hat, an Dritte weitergeben. Falls hier systematische Verzerrungen zu erkennen sind, so sollte man dies thematisieren und versuchen es zu unterbinden.

Die Strategie der zielaffinen Paraphrasierung ist überrumpelnd, nicht wertschätzend, manipulativ und, wie gesagt, instrumentalisierend, da ursprüngliche Aussagen in einer systematischen Art und Weise derart verzerrt werden, dass sie der Zielerreichung anderer dienen. Manchmal ist es schwierig, die Grenzen des Akzeptablen für sich und andere festzulegen – Sprache transportiert immer Zwischentöne und von Fall zu Fall muss entschieden werden, ob das Weitergegebene noch in adäquater Weise die ursprüngliche Bedeutung wiedergibt.

87. CC – BCC-Criticism

Eine leicht durchschaubare, erstaunlicher Weise dennoch häufig anzutreffende Strategie besteht darin, andere zu kritisieren und möglichst viele CC, oder noch schlimmer, BCC zu setzen – manchmal sogar Vorgesetzte, was völlig inakzeptabel ist. Ein solches Vorgehen kann in manchen Fällen durchaus als eine Facette von Mobbing bezeichnet werden. Es stellt die Betroffenen bloß und ist aggressiv – aber leider zeigt es dennoch Wirkungen, weil die geäußerte Kritik dadurch zunächst einmal im Raum steht.

Bei CC-Setzungen nötigt man die kritisierte Person zu einer Stellungnahme – wer würde eine CC-Kritik schon unkommentiert im Raum stehen lassen. Das heißt, die entsprechende Person wird zu einer Handlung aus einer Defensiv-Position heraus gezwungen, was an sich schon problematisch ist. Falls die betroffene Person dann wieder unter CC-Setzungen auf die Antwort reagiert, was sie ja letztlich muss, so werden die CC-Gesetzten zu ungefragten Adressatinnen und Adressaten einer Auseinandersetzung bzw. eines unschönen Dialogs. Und durch die Antwort der betroffenen Person wird die ursprüngliche Kritik noch mal thematisiert und ist trotz z. B. einer Widerlegung erneut im Gespräch.

Auf eine andere Art schädlich ist die BCC-Setzung. Hier erfährt die adressierte Person gar nicht, dass andere Personen die Kritik ebenfalls gelesen haben und sie hat daher keine Chance, die Dinge richtigzustellen. Selbstverständlich erfährt die betroffene Person meist über Umwege von der BCC-Setzung anderer, was sie in eine noch defensivere Ausgangslage bringt.

Manche versuchen, solche CC- und BCC-Mails auf eine oberflächlich freundliche, nette oder gar lustige Art und Weise zu schreiben, sodass die Kritik zwischen den Zeilen mehr oder weniger sichtbar ist. Dies ist ebenfalls wirklich übel, da das Herauslesen der Kritik dann plötzlich als Überempfindlichkeit oder gar Neurotizismus der Adressierten abgetan werden kann – was den Schaden für die betroffene Person noch mal vergrößert. Aber in aller Regel sind auch solche freundlichen Kritik-Mails sehr durchschaubar. Man sollte bei CC- und BCC-Mails immer sehr genau überlegen, warum die entsprechende Person andere CC bzw. BCC gesetzt hat. Erachtet man das Vorgehen als problematisch, sollte man es unbedingt ansprechen und kritisieren – aber nicht durch eine CC- oder BCC-Mail. Insbesondere in Aufbauphasen, in welchen in der Regel zahlreiche Personen beteiligt sind, kann eine negative CC- und BCC-Kommunikation Schaden für einzelne Personen und für das Gesamtvorhaben erzeugen. Es ist wirklich erstaunlich, dass diese Strategie immer wieder eingesetzt wird, da sie – zu Recht – ein negatives Licht auf diejenige Person wirft, welche sie anwendet.

88. AFM – Aggressive Forward Mails

Immer wieder wird aus strategischen Gründen der Inhalt einer Mail an andere Personen weitergeleitet – z. T. derart, dass es die betroffene Person sieht, z. T. so, dass sie es nicht sieht. Dies ist, je nach Inhalt der Mail, ethisch mehr oder weniger bedenklich und kann in Aufbauphasen zu einer Kultur des Misstrauens unter den Beteiligten führen. Die Gründe für solche Weiterleitungen sind vielschichtig – es kann beispielsweise schlichtweg eine Weitergabe der Information darstellen, es kann Bloßstellung bedeuten (z. B. wenn sehr Ärgerliches in der Mail steht oder sie flapsig und mit Rechtschreibfehlern verfasst wurde), es kann Instrumentalisierung sein (die Meinung einer Person nutzen, um andere damit für sich zu gewinnen), und manchmal ist es auch lediglich ein Versehen. Als AFM können Mails dann bezeichnet werden, wenn sie den ursprünglichen Sendern Schaden zufügen, d. h. wenn die Mail an Personen gerät, an die sie nie hätte geraten sollen. Eine solche Mail-Weiterleitung ist aggressiv und wenn derartige Mails im Rahmen von Aufbaumaßnahmen geschrieben werden, sollte dies sofort thematisiert werden. Manchmal hört man dann Sätze wie „Im Zeitalter der Digitalisierung muss man doch damit rechnen, dass Dinge, die man digital versendet, Kreise ziehen" (ich habe das tatsächlich mehrmals gehört). Das ist selbstverständlich völlig inakzeptabel. Personen, die AFM versenden, verlieren ihrer Vertrauenswürdigkeit und sie werden auf Dauer nur noch solche Mail-Inhalte erhalten, die keinen Schaden verursachen, selbst wenn sie öffentlich gemacht würden. Das heißt: Vorsicht bei AFM-Personen – im Sinne eines Selbstschutzes und des Abhaltens von Schaden vom Aufbauprojekt ist es empfehlenswert, ihnen vertrauliche Dinge ausschließlich mündlich mitzuteilen.

89. Etwas so einfädeln, dass andere denken, die Idee käme von Ihnen

In der Regel sind Personen stolz auf ihre eigenen Ideen und entsprechend hoch motiviert, diese auch umzusetzen. Insbesondere gegenüber High-Impact-Personen und Influencer*innen, wie z. B. Personen auf Leitungsebene wird daher die Strategie immer wieder eingesetzt, den Gesprächsfaden bewusst an einen Punkt zu führen, an welchem sie eine ihres Erachtens gute, zielführende und kreative Idee äußern, die aber in Wirklichkeit von den anderen in dieser Form bereits entwickelt wurde. Wird dann diese Idee von einer Person auf Leitungsebene geäußert und dann auch noch bewundernd unterstützt, so sind die besten Voraussetzungen für eine tatkräftige Unterstützung auf höchster Ebene gegeben, was für so manches Projekt vorteilhaft oder sogar notwendig ist. Selbstverständlich ist ein solches Vorgehen ethisch höchst bedenklich und zudem manipulativ und intransparent. Und es ist wirklich übel, dass das Lob für die scheinbar tolle Idee der anderen in diesem Falle letztlich ein Selbstlob für eine gelungene Manipulation darstellt. Man sollte jedoch diese Strategie kennen, damit man nicht selbst entsprechend manipuliert werden kann. Allerdings besteht hier auch eine große Gefahr, übervorsichtig zu werden, falls man häufig bewusst antizipiert, man könnte als Ideengeber einer bereits existierenden Idee instrumentalisiert werden. Aber ein gewisses Maß an Vorsicht und entsprechendem Bewusstsein für eine derartige Situation ist evtl. hilfreich.

90. Eine (scheinbar) neue Position einführen

Falls zwischen zwei oder auch mehr Parteien ein Konflikt besteht oder in einem Prozess kein Kompromiss bzw. keine Lösung gefunden werden kann, so wird manchmal eine neue Position in Verkörperung einer Person oder einer Gruppe oder evtl. auch nur in Form einer Idee oder Möglichkeit ins Spiel bzw. aufs Tablett gebracht, welche für alle bisher Beteiligten eine Gefahr darstellt. Diese Position kann z. B. tatsächlich in Form von Personen eingebracht werden; es kann jedoch auch lediglich in den Raum gestellt werden, es gäbe diese Position, ganz unabhängig davon, ob es sie wirklich gibt bzw. ob sie überhaupt jemals von jemandem vertreten wurde. Diese neue Gefahr von außen führt in der Regel dazu, dass sich die bisher beteiligten Parteien verstärkt bemühen, eine gemeinsame und verbindende Lösung zu finden, da ansonsten alle durch die neue Position einen noch größeren Schaden als jenen infolge eines internen, nicht optimalen, aber immerhin akzeptablen Kompromisses nehmen würden. Einen Kompromiss durch ein derartiges Druckmittel zu erzwingen, wird am ehesten von der in der Verhandlung schwächsten Partei angestrebt, da diese am ehesten zum Verlierer solcher Verhandlungen werden kann. Es wird manchmal bewusst eine Position von einer Partei eingebracht, die insbesondere für die anderen Beteiligten zu größeren Problemen führen könnte – somit lenken diese oft ein, was für jene Partei, welche die neue Gefahr von außen entsprechend eingeführt hat, von großem Vorteil sein kann. Diese Strategie spielt mit der uralten Erfahrung, dass eine Gefahr von außen zu einer höheren Gruppenkohäsion im Sinne der Abwendung eines für alle bisher Beteiligten größeren Schadens führen kann. Solch ein Vorgehen ist manipulativ und höchst bedenklich. Selbst wenn das eigene Interesse nicht im Mittelpunkt steht, sondern das Ziel des Findens einer Lösung, so ist dieses Vorgehen intransparent und aus einer ethischen Perspektive inakzeptabel. Aber Aufbauende sollten diese Strategie kennen, um sie gegebenenfalls zu durchschauen. Zum Problem kann das Ganze werden, wenn man denkt, die Manipulation durchschaut zu haben, jedoch in der Tat eine neue Position vertreten wird, d. h. die Gefahr von außen real ist. In einem solchen Falle wird das scheinbare Erkennen einer problematischen Strategie zum eigentlichen Problem. In der Regel erkennt man die Ernsthaftigkeit neuer Positionen – manchmal jedoch auch nicht.

91. Kompetenzaushöhlung

Falls eine Institution, aus welchen Gründen auch immer, eine Position nicht länger mit einer bestimmten Person besetzen möchte, so werden manchmal die Zuständigkeitsbereiche dieser Person derart verändert (verkleinert, vergrößert, neue inhaltliche Ausrichtungen), dass diese nicht mehr zu ihrem Kompetenzprofil passen. Ab einem gewissen Punkt erscheint die Besetzung der Stelle durch diese Person dann offensichtlich als nicht mehr adäquat, z. B. aufgrund von Über- oder Unterqualifikation oder eben einer fehlenden inhaltlichen Passung – und es kann ein sachlich begründeter Wechsel stattfinden. Die Person ist dann infolge der fehlenden Passung plötzlich z. B. über- oder unterbezahlt – was ebenfalls einen sachlichen Grund für einen Wechsel darstellt. „Es passt einfach nicht (mehr)". Selbstverständlich ist ein solches Vorgehen ethisch höchst bedenklich und daher nicht empfehlenswert – empfehlenswert ist es aber allemal, sich der Möglichkeit eines derartigen Vorgangs bewusst zu sein und Kompetenzaushöhlungen rechtzeitig zu erkennen, um gegebenenfalls entsprechend handeln, d. h. entgegenwirken zu können.

92. Good Guy, Bad Guy

Die Good-Guy-Bad-Guy-Strategie ist an Universitäten (zum Glück) eher selten beobachtbar. In aller Regel ist sie leicht zu durchschauen und häufig plump in ihrer Art. Sie stellt sich folgendermaßen dar: In Sitzungen, insbesondere bei Verhandlungen, spielt nach einer Vorab-Absprache unter mindestens zwei Personen eine Person den Bad Guy, d. h. jene Person, die sehr intensiv und kompromisslos die eigenen Argumente und Interessen vertritt und in der Regel infolge dessen sehr unsympathisch erscheint. Der Good Guy hingegen geht auf die Argumente der Gegenseite scheinbar relativ stark und empathisch ein, wirkt kompromissbereit und sympathisch. Vor dem Hintergrund der Extremposition des Bad Guy kann der Good Guy dann relativ große Eingeständnisse der Gegenseite erwirken, meist deutlich mehr, als wenn diese Extremposition nicht aufgebaut worden wäre. Durch dieses Vorgehen werden somit die Grenzen des Verhandelbaren bei der Gegenpartei erweitert. Manchmal ergibt sich eine Good-Guy-Bad-Guy-Situation auch ohne Planung, weil innerhalb einer Partei unterschiedliche Personen mit unterschiedlichen Forderungen agieren, insbesondere, wenn es vorab keine Vereinbarung im Hinblick auf eine einheitliche Linie gab. In einem solchen Fall ist das Vorgehen auch nicht verwerflich – dies ist es nur, wenn es geplant und somit manipulativ ist. In sanfter Form ist diese Strategie schwer durchschaubar, da sie eben auch ungeplant und natürlich entstehen kann. Bewusst die Good-Guy-Bad Guy-Strategie einzusetzen ist ethisch bedenklich, unfair und unkollegial.

93. Eine Hidden Agenda (HA) oder auch mehrere HAs haben

Wie bereits im Kapitel „Offenheit und/oder Hidden Agenda?" erwähnt, ist es als ethisch bedenklich zu bezeichnen, einer HA zu folgen. Man sollte sich jedoch im Klaren darüber sein, dass manche dennoch, und dies z. T. sehr konsequent, einer HA folgen. HAs können sich auf ganz unterschiedliche Bereiche beziehen, beispielsweise auf Inhalte (z. B. Inhalte in Modulbeschreibungen), auf Macht (z. B. bestimmte Positionen, die man einnehmen möchte), auf Leistung (z. B. Mittel, die intern kompetitiv vergeben werden) oder auf soziale Aspekte (z. B. Stellung innerhalb eines Gremiums). Und HAs können mehr oder weniger langfristige Ziele beinhalten, von innerhalb einer einzelnen Sitzung bis hin zu vielen Jahren oder gar Jahrzehnten. Und man kann nicht nur eine HA, sondern auch mehrere HAs gleichzeitig haben. HAs sind überaus wirkmächtig, da sie ein (übergeordnetes) Ziel meist längerfristig und kontinuierlich anstreben. Das heißt jegliches Agieren ist von der HA geprägt und zahlreiche kleinere und auch größere Entscheidungen werden meist über einen längeren Zeitraum in Richtungen gelenkt, welche zu diesem Ziel führen. Die Wirkungsweise von HAs ähnelt somit jener der selbsterfüllenden Prophezeiungen (Self-fulfilling Prophecies).

HAs sind häufig schwer zu erkennen, da bei einzelnen Entscheidungen und Handlungen in der Regel nicht explizit das Anstreben übergeordneter und langfristiger HA-Ziele sichtbar wird; vielmehr handelt es sich um kleine Weichenstellungen in Richtung entsprechender Zwischenziele, welch das Hauptziel oft (noch) nicht erkennen lassen. Das heißt, man erkennt HAs im Einzelfall und in spezifischen Situationen nur sehr schwer, meist lediglich dann, wenn sich längerfristig ein bestimmtes Bild, eine Tendenz in eine Richtung abzeichnet – hin zu einem Ziel, welches niemals offen kommuniziert wurde. Vergleichbar ist dies mit Weichenstellungen bei einer Zugfahrt – nur eine Folge von Einzelweichenstellungen lässt den Endbahnhof erahnen. Hin und wieder kann Handeln auf der Basis einer HA auch derart beobachtet werden, dass bewusst Einzelweichen in eine nicht der HA folgende Stellung gesetzt werden – mit der Intention, dass die HA nicht erkannt wird: Eine falsch gesetzte Weiche ändert die Hauptrichtung nur vorübergehend minimal, hidet die A jedoch noch stärker. Wie sehr man sich dem Versuch von HA-Mustererkennungen hingibt, ist eine sehr individuelle Entscheidung. Ein Gespür für potenziell vorhandene HAs zu entwickeln kann hilfreich sein, jedoch auch zur Entwicklung eines hohen, sicherlich nicht erstrebenswerten Basis-Misstrauens führen.

94. Auf Zeit spielen

Eine relativ häufig angewandte Strategie ist das Spielen auf Zeit. Sie wird oft dann eingesetzt, wenn das Bestreben, bestimmte Entwicklungen verhindern zu wollen, nicht offengelegt werden möchte. So werden Entwicklungsbestrebungen anderer scheinbar unterstützt, in Wirklichkeit jedoch boykottiert, indem sie in die Länge gezogen werden. Selbstverständlich sollte man diese Strategie keinesfalls einsetzen, aber es ist wichtig, sie zu erkennen um entsprechend zu reagieren (oder verspätet oder gar nicht ☺). Hier einige entsprechende Vorgehensweisen, die immer wieder anzutreffen sind:

- *Große Zeitabstände.* Den Abstand zum nächsten Termin immer (unangemessen, jedoch nicht allzu auffällig) sehr groß halten – dies verzögert Entwicklungen massiv.

- *Absagen.* Termine relativ kurzfristig absagen und deutlich nach hinten verschieben – auch dies streckt Abläufe sehr in die Länge.

- *Nicht reagieren.* Auf Anfragen zunächst überhaupt nicht reagieren und dann, bei Rückfragen, jeweils mit sehr großen Verzögerungen und/oder grundsätzlich erst nach mehreren Rückfragen antworten.

- *Bremsen.* Weiterentwicklungen so minimal gestalten, d. h. ausbremsen, dass sie irgendwann „wie von selbst" im Sande verlaufen.

- *Vertrösten.* Immer wieder vertrösten, dass es noch etwas dauern wird.

- *Keine Reaktion.* Gar nicht reagieren – und dann möglichst plausible Ausreden finden.

- *Nicht agieren.* Immer nur reagieren – das ist überaus mühsam, anstrengend und aufreibend für die anderen.

- *Am Ziel vorbeiarbeiten.* Nicht das Abgesprochene erledigen, sondern irgendetwas anderes – dies bringt das Projekt nicht voran, hebelt jedoch die Kritik aus, nichts beizutragen.

- *Detailfokussierung.* Sich immer wieder bewusst in Details verlieren – dies bremst den Hauptprozess massiv aus.

- *Verzetteln.* Immer neue Baustellen eröffnen – so verzweigt sich ein Projekt ungemein und der Hauptstrang kann nicht wachsen, dafür jedoch entstehen viele neue kleine Problemäste, die in ihrer Vielzahl dann ohnehin ins Nichts verlaufen und frustrieren.

Werden mehrere der hier genannten Strategien gleichzeitig und womöglich noch von unterschiedlichen Personen parallel eingesetzt, so hat ein Projekt kaum eine Chance auf eine gute Weiterentwicklung. Werden solche Strategien erkannt, so kann durch den Versuch einer Temposteigerung kaum etwas bewirkt werden, da Bremsen unverhältnismäßig wirkmächtiger ist als jeder Beschleunigungsversuch. Das Problem kann auf einer Metaebene angesprochen werden – Bremsern fällt es dann deutlich schwerer, Speed aus dem Prozess zu nehmen, weil das Ausbremsen ab dessen Thematisierung offensichtlich ist. Eine andere Möglichkeit besteht darin, auf Meilensteine zu setzen – hier ist es jedoch wichtig, ein möglichst großes Commitment aller Beteiligten zu erreichen, da Meilensteine sonst lediglich Papiertiger sind. Wie bei manchen anderen der hier genannten Strategien kann die Ursache für Verzögerungen selbstverständlich auch völlig unstrategisch zustande kommen, z. B. in Folge von Überlastung oder schlecht organisierten Arbeitsprozessen. Umso hilfreicher kann es insbesondere hier sein, die Gründe für Verzögerungen so schnell wie möglich durch eine Thematisierung des Problems herauszufinden.

Ein aufbauendes Schlusswort

Für mich persönlich gibt es keinen schöneren Beruf als den des*der Professors*Professorin – und ich habe meinen wissenschaftlichen Karriereweg noch nie bereut. Sicherlich ist es, je nach Disziplin und Stellenmarkt, unabhängig von der eigenen Qualifikation immer ein Risiko, diesen Beruf zu wählen. Aber folgende Gründe sprechen m. E. sehr für diesen Beruf:

- Die Forschungsergebnisse können, wenngleich manchmal noch gar nicht absehbar, eine starke Bedeutung für unsere Gesellschaft haben – es ist erfüllend, hier einen Beitrag leisten zu können.

- Studierende in ihrer Entwicklung ein Stück begleiten zu dürfen und ihnen Wissen zu vermitteln, aber auch sie zu inspirieren und zu motivieren, ist ebenfalls sehr erfüllend.

- Die Doktorand*innen und Habilitand*innen auf ihrem Weg zu begleiten und zu unterstützen ist eine sehr bereichernde, spannende und auch inspirierende Tätigkeit.

- Es gibt kaum einen anderen Beruf, in welchem man so viele Freiheiten hat bezüglich der inhaltlichen Ausgestaltung seiner Tätigkeiten (z. B. Forschungs- und Lehrinhalte) und auch im Hinblick auf die Rahmenbedingungen (z. B. Arbeitszeiten, Arbeitsort – d. h. Universität oder Home Office, Auswahl von Mitarbeiter*innen, Anzahl und Art der Dienstreisen).

- Man hat sehr viel Kontakt mit Kolleg*innen, die aus der eigenen, aus ähnlichen, bis hin zu sehr weit entfernten Disziplinen kommen. Dies ist sehr anregend und man kann viele höchst interessante Gespräche auf sehr hohem Niveau führen.

- Man hat die Freiheit, auch mal ungewöhnliche Wege in der Forschung zu gehen, z. B. einfach mal etwas zu probieren, obwohl die Erfolgsaussichten ungewiss sind.

- Man hat einen sicheren Beruf.

- Der Beruf ist gesellschaftlich sehr hoch angesehen und man verdient gut.

- An einer Universität ist es in der Regel möglich, etwas aufzubauen. Dies kann sehr erfüllend sein. Wenn am Ende etwas Gutes, evtl. sogar etwas dauerhaft Gutes entsteht, dann hat sich die Mühe gelohnt. Definitiv lernt man sehr viel bei solchen Aufbauphasen – insbesondere auch Dinge, mit denen man als Professor*in sonst wenig zu tun hat.

Insgesamt hat man Arbeitsbedingungen, die vergleichbar mit denen Selbständiger sind – nur dass man aus einer beruflich-finanziellen Sicherheit heraus agieren kann.

Wenn man das Gesamtprofil dieses Berufs betrachtet, dann ist er m. E. kaum zu toppen.

Dann bleibt mir am Ende nur noch, den Leser*innen dieses kleinen Buches von Herzen viel Erfüllung im Beruf zu wünschen. Ich möchte Ihnen auch von Herzen eine gute und keinesfalls voreilige Entscheidung für oder gegen einen Strukturaufbau an der Universität wünschen. Falls Sie sich dafür entscheiden sollten, so wünsche ich ein sehr gutes Gelingen und hoffe, dass die von mir in diesem kleinen Buch genannten Punkte hilfreich für Sie sind.

Um noch mal das Vorwort aufzugreifen: Schreiben Sie mir bitte Ihre Kritik und Ihre Anregungen – ich freue mich darauf.